Dennis Chávez
The First Hispanic US Senator

Dennis Chávez
El primer senador hispano de los Estados Unidos

Dennis Chávez
El primer senador hispano de los Estados Unidos

Cissie Coy

Traducción al español por Gabriela Baeza Ventura

PIÑATA BOOKS
ARTE PÚBLICO PRESS
HOUSTON, TEXAS

La publicación de *Dennis Chávez: El primer senador hispano de los Estados Unidos* ha sido subvencionada en parte por la Ciudad de Houston por medio del Houston Arts Alliance. Les agradecemos su apoyo.

¡Piñata Books están llenos de sorpresas!

Piñata Books
An imprint of
Arte Público Press
University of Houston
4902 Gulf Fwy, Bldg 19, Rm 100
Houston, Texas 77204-2004

Diseño de la portada de Victoria Castillo
Fotos cortesía de Cissie Coy

Names: Coy, Cissie, author. | Ventura, Gabriela Baeza, translator.
Title: Dennis Chávez : the first Hispanic US senator = Dennis Chávez, el primer senador hispano de los Estados Unidos / by / por Cissie Coy ; Spanish translation by / traducción al español de Gabriela Baeza Ventura.
Other titles: Dennis Chávez, the first Hispanic US senator | Dennis Chávez, el primer senador hispano de los Estados Unidos
Description: Houston, TX : Piñata Books, an imprint of Arte Público Press, [2017] | today."—Provided by publisher. | Audience: Grades 4-6. | Audience: Ages 8-12.
Identifiers: LCCN 2017027820| ISBN 9781558858527 (alk. paper) | ISBN 9781518504419 (kindle) | ISBN 9781518504426 (pdf)
Subjects: LCSH: Chavez, Dennis, 1888-1962. | Legislators—United States—Biography—Juvenile literature. | Hispanic American politicians—Biography—Juvenile literature. | United States. Congress. Senate—Biography—Juvenile literature. | Politicians—New Mexico—Biography—Juvenile literature. | United States—Race relations—History—20th century—Juvenile literature. | New Mexico—Politics and government—Juvenile literature.
Classification: LCC E748.C523 C69 2017 | DDC 328.73/092 [B]—dc23 LC record available at https://lccn.loc.gov/2017027820

∞ El papel utilizado en esta publicación cumple con los requisitos del American National Standard for Information Sciences—Permanence of Paper for Printed Library Materials, ANSI Z39.48-1984.

Impreso en los Estados Unidos de América
septiembre 2017–octubre 2017
Versa Press, Inc., East Peoria, IL
5 4 3 2 1

Dennis Chávez
The First Hispanic US Senator

Cissie Coy

Spanish translation by Gabriela Baeza Ventura

PIÑATA BOOKS
ARTE PÚBLICO PRESS
HOUSTON, TEXAS

Dennis Chávez: The First Hispanic US Senator is funded in part through a grant from the City of Houston through the Houston Arts Alliance. We are grateful for their support.

Piñata Books are full of surprises!

Piñata Books
An imprint of
Arte Público Press
University of Houston
4902 Gulf Fwy, Bldg 19, Rm 100
Houston, Texas 77204-2004

Cover design by Victoria Castillo
Photos courtesy of Cissie Coy

Names: Coy, Cissie, author. I Ventura, Gabriela Baeza, translator.
Title: Dennis Chávez : the first Hispanic US senator = Dennis Chávez, el primer senador hispano de los Estados Unidos / by / por Cissie Coy ; Spanish translation by / traducción al español de Gabriela Baeza Ventura.
Other titles: Dennis Chávez, the first Hispanic US senator I Dennis Chávez, el primer senador hispano de los Estados Unidos
Description: Houston, TX : Piñata Books, an imprint of Arte Público Press, [2017] I today."—Provided by publisher. I Audience: Grades 4-6. I Audience: Ages 8-12.
Identifiers: LCCN 2017027820I ISBN 9781558858527 (alk. paper) I ISBN 9781518504419 (kindle) I ISBN 9781518504426 (pdf)
Subjects: LCSH: Chavez, Dennis, 1888-1962. I Legislators—United States—Biography—Juvenile literature. I Hispanic American politicians—Biography—Juvenile literature. I United States. Congress. Senate—Biography—Juvenile literature. I Politicians—New Mexico—Biography—Juvenile literature. I United States—Race relations—History—20th century—Juvenile literature. I New Mexico—Politics and government—Juvenile literature.
Classification: LCC E748.C523 C69 2017 I DDC 328.73/092 [B]—dc23 LC record available at https://lccn.loc.gov/2017027820

♾ The paper used in this publication meets the requirements of the American National Standard for Information Sciences—Permanence of Paper for Printed Library Materials, ANSI Z39.48-1984.

Printed in the United States of America
September 2017–October 2017
Versa Press, Inc., East Peoria, IL
5 4 3 2 1

To my sister Imelda and my husband Wayne,
with gratitude for joy on my journey.

∾ **Chapter One** ∾

Dennis Chávez was the first American-born Hispanic to serve in the US Senate. When he went to Washington, DC in 1935, he stood out as the only minority in the Senate. There was no diversity in that powerful place. There were no other Hispanics, no African Americans, no Native Americans and no Asian Americans. Just Dennis Chávez, speaking for all those people who were left out.

He is an American hero. His story is inspirational and has good lessons for people of all ages. It's an adventure story that stretches from the old Wild West of Indians and cowboys to the jet age.

An ancestor of Dennis Chávez was among the first Spanish explorers to come to New Mexico in 1598. To understand how long ago that was, remember that the pilgrims landed at Plymouth Rock in Massachusetts in 1620. Pedro Durán y Chávez marched into New Mexico 22 years earlier in 1598.

Dennis was born on April 8, 1888 in the little farming community of Los Chávez. Located almost in the middle of what was then the territory of New Mexico, the small village may have been named for a distant relative of the Chávez family. David and Paz Chávez gave their second child the name Dionisio. That was later translated to Dennis in English. At the time of his birth, large parts of land in the West belonged to the United States but were not states. Then in 1912, New Mexico became a state. That meant the people living there could elect two senators and a congressman to the US Congress and take a place on the national stage.

Dennis' childhood home had dirt floors and no indoor plumbing. He spoke only Spanish as a child. He never went to high school or college. However, he went on to graduate from Georgetown Law School in Washington, DC and represented New Mexico in the US Senate for 27 years. Two things inspired him: first, love of family and, second, a deep faith in God. He had a positive outlook on life. Even as a little boy he was optimistic. And from his early days, he was hard working and ambitious. He read everything he could find about the American system of government. It was the best system in the world, he concluded.

When Dennis was born, most people living in the territory of New Mexico were native americans or descendants of early Spanish and mestizo settlers. Mestizos were the children that Spaniards and Native Americans had together. The Native Americans, of course, had lived on the land long before the first Europeans arrived. That's why many like to be called Native Americans instead of Indians.

The Spanish and mestizo settlers had marched north 1,000 miles from the mining center of Zacatecas, in what was then called the New Spain (later Mexico). They drove livestock and carried supplies over a vast wilderness with little water or food to make New Mexico their new home. Generation after generation of settlers and their children spoke only Spanish. They were different from the people in the United States because they lived in a territory that was a separate country and had a different language and heritage. New Mexico was far from the east and west coasts of the continent and from Mexico City, which allowed New Mexicans to develop their own special culture. Their children and grandchildren lived isolated from other communities. There was little travel outside the territory. Distances were too great, mountains and deserts too hard to cross and the people too poor to take such challenging trips. Life in general on the frontier was hard.

Dennis and his family lived in a small house made of adobe bricks (clay and sand mixed with water and hardened and shaped into bricks). As a boy, a barefoot Dennis tended his father's crops and sheep.

When he was seven, he and his family moved a few miles to New Mexico's largest city: Albuquerque. It had schools that taught English. Learning English opened the door into a wider world for young Dennis. And he found another treasure in his new hometown: a public library where he could read and read.

Dennis took the opportunities he found in his new life. He learned English, studied hard in school and added to his education by reading. He also followed his conscience in some early decisions.

In a long career in the Senate, Dennis took positions that were not popular. He was a champion of civil rights for all Americans. He spoke out against discrimination at a time when it was legal to keep people of color separate from white people. Minorities didn't have the same legal rights as white citizens.

Laws since that time have made discrimination illegal. These laws giving people of color equal rights came about because of people like Dennis Chávez.

He spoke out against bullies who ruined many folks' reputations by saying they were un-American. The bullies had their own idea of what un-American meant and they didn't offer evidence of what they said. Many senators and others were afraid of these bullies, but Dennis was not. He made speeches and condemned them.

Dennis Chávez always fought for the underdog. He himself was a person of color and he suffered life-long discrimination. Despite this, he never became bitter.

"I have been fighting for the so-called underprivileged all my days," he said more than once, "because I was one of them."

New Mexico is called "The Land of Enchantment." That refers to the sunny, warm climate and the glorious mountains and deserts. For Chávez, it also meant endless opportunities. Despite many hardships as a young person, he had a long, successful life helping others. For him, his birthplace was enchanted.

∾ Chapter Two ∾

The United States invaded Mexico in 1846 and took control of the land in northern Mexico. That land became US territories, and eventually today's states of Arizona, California, Colorado, Nevada, Texas and New Mexico. Mexico fought back but finally surrendered to the United States. After the war with Mexico that ended in 1848, the people in the territory of New Mexico remained cut off. In those communities, the Spanish language and their way of life survived for generations. Easterners arrived and took over governing the territory, but day-to-day life went on almost as usual.

Even in Dionisio's childhood, the West was dangerous country. New Mexicans wanted to live near their fields, so communities were far apart. A small force of soldiers in faraway forts could do next to nothing to control nomadic Apaches and Comanches, who never accepted the settlers taking their lands. David Chávez, Dionisio's father, was an eyewitness to a Native American raid. He was herding his livestock when he heard shooting.

"I got on my horse," David Chávez said, "and went to a mesa (hill) as high as I could get. . . . Apache Indians had attacked the Vigil ranch. There were too many of them. I couldn't do much about it . . . but I got some help."

Indian raids were frightening, of course, but they were accepted as part of life in the West. And within the shelter of family and community, Dionisio felt safe.

To a healthy, happy boy, Los Chávez must have been nearly perfect. The village was in the middle of a valley, where the Rio Grande River cut through The river was lined by cottonwoods and poplar trees that were perfect for a child to climb. Tall mountains shadowed the whole valley with a richness of pines, apple trees and wild maples.

The Chávezes had no complaints about their small home. Visitors gathered in the room with the nicest bed. That was the living room as well as a bedroom. There were eight children in the family, and lots of cousins, aunts and uncles nearby to offer advice and tell stories. A belief in God was as natural as breathing. The family went to church on Sundays, and at bedtime both parents would bless the children. These habits took hold and Dionisio had a lifelong faith.

Life wasn't easy, but there was always food on the table. His mother Paz, or "peace" in English, ruled the house with a firm hand and, as a result, relatives said she should have been named "Guerra," meaning war.

His father David worked for the owner of a large sheep ranch. The family also raised its own sheep, cows, pigs and chickens. They planted corn, chili peppers, beans and hay. The Chávez boys worked long hours in the fields with their father while the girls helped their mother in the house.

Describing those early days, Dennis recalled that his life, "was typical of that of a rural New Mexico boy at that time. I spoke no English, worked in the fields in the hot sunshine of the Rio Grande Valley and tended cattle and sheep."

Fifteen miles north of Los Chávez was Albuquerque. With a population of 8,000, it was the biggest town in the territory. The railroad had pushed through the territory in the 1880s. It connected New Mexico with the east coast of the United States. The railroad meant jobs. Before the railroad, the only jobs were on farms and ranches owned by the wealthy. Those were dead-end jobs with no chance for better promotions or better wages.

The railroad also brought a steady stream of Anglo Americans, as white non-Hispanics were called. The newcomers had modern ideas and ambition. They lit a spark in the isolated territory and challenged the Hispanics living there to keep up.

David and Paz saw the opportunities in Albuquerque and moved their family there. The town offered a chance for better work. It also had schools that taught in English. In Los Chávez there were no schools, no books and only Spanish was spoken. David and Paz knew that education was the key to a better future for the Chávez children.

By all accounts, the oldest Chávez son, Jesús, lacked curiosity and was not interested in school. Their second-oldest son, Dionisio, was bright and willing to learn as much as possible. When he was seven years old, his parents sent him to the Presbyterian mission school to study and learn English.

The little boy suddenly had a new name, spoke a new language and learned new customs. Overnight he became Dennis and went from being outdoors, from dawn to dusk, to sitting for hours at a desk. Restless is probably too mild a word to describe him in those first months.

Some families have stories that they tell over and over. In the Chávez family, a favorite story was one Dennis' younger sister, Barbara, told about her brother when he first went to the mission school.

"Dennis threw a tomato (his lunch) at this teacher. After school, the principal took the teacher and Dennis to tell my mother what he had done. My mother couldn't speak English, so Dennis was the interpreter. The principal told Dennis to tell his mother that he'd been a bad boy. I don't know what Dennis told Mamá, but when she answered, she said, 'I want you to punish my son for doing that. I think he did something very wrong.' Instead of interpreting what his mother said, Dennis told the principal, 'my mother says for you not to spank or punish me because I have a heart condition.'"

Dennis got away without a punishment. Fooling his mother and the principal was not a good thing to do, but he was only a little boy, after all. And he seems to have learned two important lessons in his new school. One was not to be naughty. There were no more visits from the principal. The second was the value of education. As an adult, he would fondly recall his teacher, Miss Elizabeth Wiley. He saw her as the skilled teacher who had had an early positive influence on his life.

Quick and high-spirited, young Dennis refused to leave his brothers and sisters behind. Barbara remembered that, "He was the one that was the smartest of the bunch. He would stand by the kitchen table and teach English to us. And if we spoke in Spanish, he'd spank us with a hairbrush."

The spankings must not have been too hard because the Chávez children stayed close and loving all their lives. Loyalty to family was a Chávez rule.

⚉ Chapter Three ⚉

Dennis' life took a dramatic turn when he was thir-teen years old and in the seventh grade. He had to drop out of school.

"Our family finances," he later said, "poor at best, underwent a bad change. There just wasn't enough money to care for all our needs at home, and I was needed to help out."

Dennis got a job delivering groceries. He drove a horse and buggy to make his rounds. The days were long and tiring. He worked five days a week from six in the morning until seven in the evening, and on Sat-urdays until eleven at night.

When he wasn't on his delivery route, he visited the public library. The librarian, he recalled years later, took an interest in his reading and directed him towards history and biography, such as works on pres-idents George Washington, Thomas Jefferson and Andrew Jackson. From then on, all Dennis talked about was books. In fact, he insisted on discussing books with people who didn't know what he was talking about half the time.

After five years on the job, Dennis faced a new challenge. His boss ordered him to deliver groceries to strikebreakers who opposed striking railroad workers. A strike happens when people stop working and demand better working conditions. They can strike to get better pay, shorter workdays or for other reasons. The railroad bosses had hired strikebreakers to defeat the workers. Arguments on both sides of the labor conflict flew back and forth.

The young delivery boy's decision in the fight affected his future.

"I lost my job," he said later, "because my employer told me to deliver some groceries to a group of railroad strikebreakers. I refused and was promptly fired."

It was a hard test of conscience for a boy whose family needed his paycheck. The position that young Dennis took was one he would take again and again during his lifetime—observing both sides of the labor conflict, he came down in favor of the workers.

Listening to the arguments in the labor struggle, he saw the part that the law and local government played in a community's life. This first-hand experience fanned his interest in both law and government.

Out of work, Dennis' prospects looked dim. Fortunately, he was in the right place at the right time. Although he had lost his job, he had found a mentor, that is, a guide and teacher. His mentor was a young engineer named James N. Gladding. Gladding came to Albuquerque after graduating from a university in the East. He went to work for the city's engineering office and took Dennis under his wing.

Dennis' first job with the city's engineering office was as a laborer. He rose through the ranks to finally become assistant city engineer. Because he never finished school, Dennis didn't have the math skills he needed for his promotions, but Gladding tutored him in algebra and geometry.

At the same time Dennis was working his way to better jobs, he was starting his family. At 23 he married Imelda Espinosa. The Espinosas were well known for their dedication to education and self-improvement.

"Imelda brought a fresh challenge to my ambitions," Chávez would remember. "Members of her family were getting ahead in medicine, law and education, and I didn't want to be left behind."

Jim Gladding and Dennis became close friends as did Bess Gladding and Imelda. In fact, the two women gave birth to sons at the same time. When

Bess nearly died during childbirth, Imelda cared for both babies. A couple of years later, Imelda had a baby girl.

Life seemed to be settled for the Chávez family. Except that Dennis continued to be fascinated by law and politics. He was ambitious and independent. Where would that lead? He would go to Washington, D.C., to get the tools he needed to change his life.

∽ Chapter Four ∾

New Mexico was part of Mexico until 1848 when it became a territory of the United States as a spoil of war. In 1912, it became a state of the Union. After New Mexico became a state, many Anglos from the East viewed the new state as a chance for a better life. They moved their families across the country and settled in. They bought property and started businesses. They ran the state government and used the American legal system for their own benefit.

The odds were against the Hispanics. They became US citizens without knowing anything about the American way of life. They didn't speak or read English. And the laws of their new country were a mystery. The people who had lived in New Mexico for hundreds of years were in a bad way, living in poverty and without hope.

In the US system of government, elections offer remedies for injustice. Voters can choose men and women who have solutions for their problems. In those days, there were two major political parties putting up candidates in elections. The political parties were Republicans and Democrats. The names are the same as the major political parties today. However, there are differences between the parties today and the parties more than 100 years ago. The differences are complicated. In politics, no one side is totally bad or good. What follows is Dennis' view of the political situation at the time New Mexico became a state. His views shaped his life.

The big landowners in New Mexico were Republicans. Their party won most of the elections. Dennis' father, David, depended on a large landowner for work. He was a loyal Republican and Dennis was not. He was fiercely independent and went his own way, even if it meant defying his parents.

Dennis later said, "When I was growing up in New Mexico, my relatives and everyone I knew were Republicans." He said that he didn't like the Republicans' methods.

"I had many a hot word with my father who favored the Republicans. Certain communities were getting all the benefits, all the good schools, and certain others were getting nothing."

It wasn't easy for the young man to go against his father, but he did. It was especially brave of him because he had to take a public position against his father's employer, Frank Hubbell. Hubbell, a Republican, was running for the US Senate against Democrat Andrieus A. Jones.

To the younger Chávez, Hubbell was a symbol of bad, old-time politics. He called Hubbell a "bully." Chávez said, "I saw him abuse citizens in a way that would have meant a fist fight if he had treated me in the same way."

From all his reading at the public library, Dennis fixed on Thomas Jefferson as his best political guide. Reduced to its basics, Jeffersonian philosophy put human rights above property rights.

Jefferson had written the Declaration of Independence: "We hold these truths to be self-evident: that all men are created equal; that they are endowed by their Creator, with certain unalienable rights, that among these are life, liberty, and the pursuit of happiness. That to secure these rights, governments are instituted among men, deriving their just power from the consent of the governed."

These words are the basic building blocks for the government of the United States. Basing his own philosophy on the Declaration of Independence, Dennis shaped a practical plan for his political life. As Dennis saw it, "Jefferson founded our Democratic party on the doctrine that the purpose of government is to improve the lives of all the people and not to serve the interests of special groups."

He was convinced that only by being a Democrat could he change the terrible conditions in his community. He said, "I knew many things had to be done for our people, and I felt I could do them."

Dennis traveled the state working for A. A. Jones, the Democratic candidate for the Senate. Often he translated the candidate's speeches for Spanish-speaking voters. He made himself useful and put all his energy into the campaign. When Jones won the election and got ready to go to Washington, he offered Dennis a job there.

The best part of the deal was that Dennis could work in the Senate during the day and go to Georgetown University Law School at night. This was an opportunity that Dennis could not turn down. Nearly 30 years old, he uprooted his young family and moved across the country to Washington, DC. However, before he could enroll in law school, Dennis had to take a special entrance exam. After all, he had never been to high school or college. He passed.

Three years later, he and his wife and children retraced their steps. They returned to Albuquerque. Only now the eager student had a shiny new diploma. He was an attorney.

๛ Chapter Five ๛

In Albuquerque, attorney Dennis Chávez soon gained a reputation for being trustworthy. Showing characteristic determination and energy, he spoke effectively in the courtroom on behalf of a variety of clients. He soon built a thriving practice in criminal law.

Dennis never turned away a man or woman who needed legal help. He firmly believed in the principle of equal justice under the law. He gained a reputation for defending the underdog. He would represent people charged with a crime even when they had no money to pay him.

"Everyone, even someone guilty, deserves a lawyer," he often declared.

Dennis' clients were mostly Hispanic, but he also served some Anglos and African Americans. Of the more than 40 lawyers in Albuquerque, Dennis was one of only seven with a Spanish surname. He was equally fluent, of course, in Spanish and English.

Over the years, Dennis took on all types of cases, big and small ones. In one case, he defended a client for stealing two dresses from a local store. In another, he defended a man for abandoning his wife. Two clients in another case were found not guilty of stealing an automobile, while another was found guilty of buying stolen chickens. One famous case centered on a national railroad strike in 1922 that affected more than 2,000 railroad workers in Albuquerque alone. Dennis sided with the strikers as he had years before when he refused to deliver groceries to the bosses of strikebreakers.

Then there were the truly bloody crimes. A client was found guilty of murder for cutting his father-in-law's throat. Another man, who admitted to shooting and killing his brother-in-law, was himself shot by two masked men before the trial.

The *Albuquerque Morning Journal* newspaper, on April 11, 1924, covered one of Dennis' more hopeless clients. The case involved Henry Wells, a man arrested for transporting illegal liquor. He had a suitcase with fourteen pints of whisky that arresting officers said was, "rotten stuff with forged labels and stamps." Wells immediately confessed and had to pay a fine of $100. That was a lot of money at the time, but at least he didn't go to jail.

✺ Chapter Six ✺

Imelda Chávez, Dennis' wife, had a disability. She was partially deaf. In the 1930s, when she first started losing her hearing, many people thought there was something shameful about having a disability. It wasn't that people were meaner then. It was that doctors couldn't explain what caused many disabilities. In their ignorance, some people saw a handicap as a personal failure or weakness.

At that time, hearing aids were very expensive. They were also big, heavy and uncomfortable to wear. There were no small electronic devices in those days. And because people were ashamed of being hard of hearing, even people who could afford to buy hearing aids often wanted to hide them. In fact, one popular hearing aid was sold as "Deafness in Disguise." It was a failure as a disguise. It was very visible. It made lumps under the wearer's clothes and had wires that stuck out.

Fortunately, Mrs. Chávez could afford to buy a hearing aid. And she insisted on wearing it. Her first hearing aid, in the 1930s, was a challenge for a pretty, young woman. First, she strapped a heavy battery as big as a book to her thigh. Then, she pulled thick cords from the battery up to a microphone-like device that she cradled between her breasts. Finally, she stretched more cords across her back to an earpiece.

In those days, hearing aids turned up the sound on all nearby noises—people laughing, dogs barking and music playing. It was hard to sort voices out of all the noise. How many times did Imelda nod agreeably when she couldn't really hear the speaker? How many crowded meetings did she attend where she had no clue what was being said?

She could have put the hearing aid in a drawer and retreated into her home. She didn't. She had a mind of her own and refused to hide. Married to an ambitious man, she stayed at his side. Imelda Chávez matched her husband for bravery.

≫ Chapter Seven ≪

Dennis Chávez did not always win elections. Yes, there were easy victories, but there were also humiliating losses and a couple of very close elections. He never gave up, even when he faced a very public defeat.

His early campaigns are examples of the ups and downs of Dennis' political life. In 1922, after graduating from law school, he ran for the New Mexico state legislature. That was an easy win. He was there for only one term, but he made his mark.

Forty percent of the population could not read or write at that time. The obvious solution was to educate the children. But students in public school had to buy their textbooks. That was an impossible expense for many who could not afford to buy school supplies. Dennis thought the answer was simple, "Remembering my own hard times as a child, I sponsored a bill to provide free textbooks to all the state's school children." Free schoolbooks gave all children an equal chance to learn. As adults, they would be able to read and write.

After his term in the state legislature ended, Dennis concentrated on his law practice. Life settled down for the Chávezes. A third child was born and the future was rosy. Dennis was earning good money and seemed set for the life of a prosperous lawyer. However, changing times challenged Dennis to new ambitions.

In 1929, the stock market failed and the United States began experiencing the worst economic crisis in the country's history: the Great Depression. It lasted until 1939. Factories and businesses in every state in the union closed. The financial system no longer worked and banks ran out of money and shut their doors. Millions of Americans lost their jobs and could not find work. Hungry men and women stood in lines for hours to get free bread for their starving families.

In 1930, the crisis inspired Dennis to leave his law practice and to run for Congress. He wanted to help people hurt by the Depression. His opponent was Albert Simms, a Republican occupying New Mexico's only seat in the House of Representatives.

As part of his campaign, Dennis drove all over the state in car caravans, speaking to voters and telling his personal story. His main issues were getting help for suffering farmers and small business owners, and raising federal funds for highway construction.

Traveling to where the voters lived was a new tactic in New Mexico. It was a successful one. Most of the state's population lived in small towns and rural outposts and rarely saw visitors. On these trips, Chávez listened to everyone and got to know people from all walks of life. He had a brilliant memory for names and faces and this helped him in future campaigns. He also genuinely liked people. He would go into the kitchens and share a meal of tortillas and chili and beans and talk for hours.

Even his past experience as a grocery boy proved useful. Dennis relished a story about his campaign and told it repeatedly over the years.

According to Dennis, on the Saturday night before the election, Congressman Simms was at a party dancing with Mrs. P. G. Cornish when he asked if she intended to vote for him.

"No," she replied.

"Well, who are you going to vote for?" Simms demanded.

"My old grocery boy!" she answered.

Dennis would end the story by reminding his listeners that he had won the election by "a tidy margin." He had easily defeated Simms. There was no more important job, he said many times, than public service. And there was no better place to help all the people than in the US Congress in Washington, DC.

No sooner had the new congressman taken the oath of office than he wrote his mother, "Have just been sworn in as a member of the greatest deliberating body in the world. Your love, prayers and blessings brought results."

Dennis Chávez now found himself back in the House of Representatives where he had worked as a clerk. He was in his early forties. "A bit late," as he said, "in terms of years in getting there, but happy, nevertheless, to have made it."

New Mexico had only one congressman in that era. And the one congressman had a staff of one, an assistant who was called his secretary. Chávez's secretary was a former college student in Albuquerque named Joe Martínez. Chávez offered Joe the same deal Senator A. A. Jones had offered him years earlier. That is, work during the day and go to law school at night. Joe accepted the job.

Joe was the first of a number of young New Mexicans Chávez was to mentor. Congressman Chávez remembered Jim Gladding, the young engineer who had tutored him in the math skills he lacked. Gladding's guidance had changed Chávez's life and he wanted to give others the same help. At the same time, he needed well-trained assistants. Going to school would improve the young people's skills.

Joe Martínez repaid his mentor's trust with hard work. As he recalled, he was nearly buried under the workload in the congressional office. Because of the Great Depression, everybody wanted a job or any kind of relief they could get. Chávez remembered what it was like to be poor and hopeless. He insisted that mail be answered as fast as possible. He couldn't begin to solve everyone's problems, but he wanted people to know he had heard their cries for help. And Joe answered the mail as fast as he could.

Chávez was easily reelected to the House in 1932. Two years later, he ran for the US Senate against Senator Bronson Cutting, a Republican. It was a close and bitter fight. Cutting was over six feet tall with a fair complexion. Chávez was only five-feet eight and dark. Cutting was born in the East to a wealthy family and educated at Harvard. Chávez was born in the West to a poor family and didn't attend high school or college. Cutting had the self-confidence of great wealth from birth and automatic acceptance in society. Dennis had the confidence of a self-made man who overcame prejudice. Cutting was a member of the "club," politicians who had gone to the same top schools and belonged to the same organizations. Chávez was an outsider.

The political scene in New Mexico was complicated. After waging a spirited campaign, Chávez lost by a narrow margin. It was a very public defeat. He did not accept that he had lost the election. He charged that there were mistakes in counting votes. The outcome was still not settled when Cutting died in an airplane accident. The Democratic governor named Dennis Chávez to fill the vacant Senate seat. He was 47 years old.

Dennis had the Senate seat but Cutting's death made it a bittersweet moment. Still, history was made on May 20, 1935, when the vice president presided over Chávez's swearing in. Raising his hand to take the oath of office, Dennis Chávez became one of the first American-born Hispanic senators in this country's history.

✑ Chapter Eight ✑

The US Congress is the lawmaking branch of the government. Congress is divided into two parts: the House of Representatives and the Senate. The House of Representatives' members are called congressmen and congresswomen. The more people live in a state, the larger the congressional delegation. Two senators represent each state, whether it has a large population or a small one.

Here were some of the duties that Senator Chávez fulfilled during his work days:

- Attend committee meetings, where witnesses offer information and answer questions.
- Handle paperwork. There are stacks of committee reports to read, bills to consider and mail to answer.
- Welcome visitors who bring their stories, problems and requests for help.
- Take trips home. It's important to stay in touch with constituents.

- Talk to other lawmakers. If the system is working, there's cooperation. "You vote for my bill and I'll vote for your bill." There are many points of view in Congress, and it takes time to come to agreements.
- Raise money for the next election. Campaigns are expensive.

Added to all those tasks, Senator Chávez also proposed bills for new laws, one of the most important functions of a member of Congress.

With all those demands on his time, Senator Chávez still paid attention to the everyday problems of regular people. He sponsored bills to deal with individual cases. For example, the government charged two Navajo Indian School teachers rent for a building they had constructed themselves. Chávez sponsored a bill to get their money back. Another special bill allowed an Albuquerque couple to adopt two Finnish orphans. And another bill permitted ten Spanish nuns to remain in Puerto Rico to continue much-needed welfare work.

One of the issues that took Senator Chávez's energy over the years was water rights. That is, who had the right to use water from rivers and streams. Because they don't get enough rain, southwestern states depend on rivers. Water shortage is a problem in these states, including New Mexico. As the population increased, fast-growing cities and towns used scarce water at record levels. Disputes would arise over the use of rivers. For instance, if farmer A takes water upstream for his crops, that may cut the flow of water downstream for farmer B.

As Chávez said, "Often thorny disputes with neighboring states had to be settled. New Mexico, Arizona, Colorado and Texas often clashed over precious water rights."

Not only do states claim water rights, the Native Americans who live on their own land within the states do too. Native Americans are determined and active in the fight for water.

Most disputes over water rights were settled through cooperation. To arrive at an agreement, the people's representatives used any weapon, including humor. When defending New Mexico against larger, richer Texas, Chávez said, "Every time we shed a tear in New Mexico, Texas claims it."

Over the years, Senator Chávez sponsored dozens of bills relating to water rights. And he was invited to the White House when President John F. Kennedy signed a major water rights bill in 1962. It was Chávez's last big project before his death.

Dennis' first job was delivering groceries in a horse and wagon in 1902.

Imelda Espinosa and Dennis married in 1911.

Dennis headed the Viva Kennedy campaign in 1960. John F. Kennedy was elected president.

In the 1950s, first-hand information on the "School Lunch Bill" is obtained by Senator Chávez. Afterwards he told his Senate Committee on Education and Labor as they okayed the bill, "I had a fine meal for twenty cents."

At a Navajo "Pow-Wow" at Window Rock listens to a talk by Senator Chávez.

Legislation regarding Federal-Aid Highways for New Mexico comes before the Senate Committee on Post Office and Post Roads. Senator Chávez prepares for a committee meeting by a discussion with H. E. Hiltz, Deputy Commissioner, Public Roads Administration.

Dennis championed civil rights for twenty-seven years in the US Senate.

❧ Chapter Nine ❧

"In the light of everyday American practice, racial and religious prejudice, intolerance, bigotry and discrimination are as American as the hot dog." That was Dennis Chávez's harsh view of America in the 1940s. Most historians agree with his judgement. In much of the US South, laws kept minorities and white people as separate as possible.

Back then, Senator Chávez challenged prejudice and discrimination. He felt it was his responsibility to speak for those who couldn't speak for themselves. His convictions drew on the Jeffersonian philosophy that he accepted as a young man. That is, all men and women are entitled to equal rights under the law.

This wasn't a one-man fight. Nothing is accomplished in Congress without a team of lawmakers working together. But Senator Chávez led this fight. It was one of the proudest accomplishments of his career.

One of the main products of discrimination was called segregation, a policy that defined where people of different races or ethnicities could reside, eat, go to school and use public facilities. In the 1940s and 1950s, segregation was the law in much of the South. Segregation meant that it was legal to deny rights to "coloreds"—African Americans, Native Americans, Hispanics and Asian Americans. A major basis for discrimination was the color of a person's skin.

People of color had to ride in the back of city buses. "White only" restaurants refused to serve them, public schools shut them out and neighborhoods had white-only signs for renters and homebuyers. The whites-only policy extended into every corner of everyday life. Even water fountains were reserved for whites.

There were many other examples of discrimination. One of the most harmful was that employers could deny jobs to qualified people of color. It was legal to do that.

Many influential people, including lawmakers, favored segregation. Senator Chávez was one of those who fought against prejudice and discrimination. He insisted that the Constitution granted all Americans the same civil rights. That meant the right to full legal, social and economic equality.

Since discrimination in hiring was legal, a new law had to be passed to make it illegal. Chávez introduced a Senate bill for a new law banning discrimination in hiring. He and a handful of other brave senators introduced legislation to establish the Fair Employment Practices Commission (FEPC). The FEPC would grant racial justice to working men and women.

Opposition to the FEPC was fierce. A powerful group of senators promised to defeat the FEPC bill. They said that white people were better than people of color. The FEPC, they said, was unconstitutional and un-American. They warned that social equality would lead to inter-marriage, a mixing of the white and black races.

During the senatorial debates, President Franklin D. Roosevelt spoke in defense of the FEPC bill. He said, "Men of all races—black, brown, white and yellow—fight beside us for freedom. We cannot stand before the world as champions of oppressed people unless we practice as well as preach the principles of democracy for all men."

On the Senate floor, Chávez stood with President Roosevelt and said, "We are all free, or we fail; democracy must belong to all of us."

Another time he said, "The bill does not provide that because a man's name is Levine or Petachelli, he is entitled to a job. However, the bill does provide that a man cannot be kept from having a job because his name is Petachelli or García or something else."

He went on to say, "Some time ago the Congressional Medal of Honor was awarded to a boy from my section of the country that died at Attu [in the Pacific Ocean]. His name was Joe Martínez. We give Martínez a medal for dying, but we refused a job to his relatives or to his friend."

A reporter covering the FEPC debates wrote that Chávez quietly demolished several of his opponents' arguments with a few well-placed and deadly questions.

As fiercely as Chávez fought, and as strongly as he opposed the white supremacists, he was not a shouter. He kept his temper and controlled his language, despite insults that must have tested his patience.

One of his opponents suggested that Chávez was not a real American. He repeatedly referred to Chávez as the "senator from Mexico." The senator from New Mexico patiently corrected him every time in his excellent, unaccented English.

The struggle for fair employment was hotly debated for four years. The president made speeches, Chávez kept fighting and a team of both Republican and Democratic lawmakers supported the bill. It was useless. A group of senators, mostly from the South, were too powerful.

The FEPC bill did not become law, and segregation in much of the South continued. But Chávez was a hero, nonetheless. For four years he stood up in the US Senate for the cause of social justice for job seekers. Eventually, he lost that battle. Not until the Civil Rights Bill of 1964 were all Americans granted the rights that Chávez fought for.

He didn't live to see that day. But the seeds he helped plant grew into the new Civil Rights law. Sometimes success is delayed.

ᔄ Chapter Ten ᔄ

New Mexico has a large Native American population, numbering more than ten percent of the state's residents. Three main Native American nations live on their own land, called reservations or pueblos: Pueblos, Apaches and Navajos. Each tribe has its own government, traditions and language.

It's no surprise that Dennis Chávez was a champion for Native American rights. He spoke out for those who were ignored in society, and that often described the Native Americans in the United States. Among his efforts, Senator Chávez worked to have the federal government treat Native Americans as full citizens, enjoying the same rights and privileges as other Americans. They should also, he said, share the same responsibilities as other Americans. He stated, "What the American Indian actually desires is not so much empty honors, not so much a saluting by the press . . . or even official Washington, but to be treated as an

American. He would like to see a little better showing of the characteristic fair play of the American people."

The senator supported many bills to settle complicated questions, such as land ownership and building roads and bridges on the lands of Native Americans. He also championed the Native Americans' right to have water to grow crops and clean water to drink. Much of the Native Americans' land was very dry.

In 1959, the Laguna Pueblo went to Washington for help because it was very difficult to get water from the small wells on Native American land. There was no large water source near any of the villages. Native Americans had to haul water in barrels by horse-drawn wagons over dirt roads.

For many Native Americans, it was their first trip away from the Pueblo. Senator Chávez and his staff greeted them warmly. The Laguna group provided proof of their many needs through photographs and personal testimony.

When they returned home, these Native Americans had a note from Senator Chávez. The money for improving clean water for the Pueblo was approved. Work would begin at once. In fact, the water project was so extensive that it took ten years to complete, but it was a turning point for the survival of the Pueblo villages. The clean water saved many of the Pueblo people from disease. The project also brought many of the Pueblo members into closer contact with government workers, who were able to assist with many other problems.

❧ Chapter Eleven ❧

For all the glory of winning elections, Dennis Chávez sometimes had a high price to pay. In 1952, he faced one of those hard-won victories. His opponent that year was Republican Patrick J. Hurley.

The two men were very different. Hurley was a tough-minded, self-made millionaire. He stood ramrod straight, a tall, slim figure, with a full head of white hair and a mustache. He had served in the Army, rose to general and had had a successful diplomatic career. He looked like he'd be at home at an embassy or fancy dinner.

In contrast, Chávez was shorter and swarthy or tea-colored, as some journalists described him. He looked like he'd be at home at a barbeque or potluck supper. On the campaign trail, he held a cigar in his left hand and a cream-colored Stetson hat in his right. He was always careful to use the words "so-called" before the words "Mexican people in my state." He wanted to emphasize that New Mexicans were, of course, Americans.

Hurley ran a strong campaign against Chávez for his Senate seat in 1946. Hurley lost by 4,018 votes. In 1948, Hurley ran against New Mexico's other senator and lost. Four years later, Hurley ran again against Chávez. That time the final vote showed Chávez beating Hurley by 5,375 votes.

The third loss was too much for Hurley to accept. He charged New Mexico's election officials on the Chávez side with election fraud—cheating in counting votes. He asked for the votes to be counted a second time. This was the same charge that Chávez had made against Cutting in the 1934 election. In that case, Cutting died in an airplane accident before a decision was reached. In Hurley's case, there was no clear winner and no clear loser.

Hurley's claim of cheating went to a Senate subcommittee to investigate. After a fifteen-month investigation, the subcommittee found irregularities by both Democratic and Republican election officials in New Mexico. The Senate would have to vote to decide who had won the election.

More hung in the balance than Dennis Chávez's fate. The Senate was split: 48 Democrats, 47 Republicans, 1 Independent. If Chávez lost his seat and the Independent senator didn't vote, the Senate would be tied. In the case of a tie, the deciding vote would be cast by the vice president of the United States. At that time, the vice president was Republican Richard M. Nixon.

A friend remembered Chávez's feelings leading up to the Senate vote: "He was 64. He'd reached a stage in life where something like his position in the Senate was a matter of honor with him. It wasn't easy for him to take the challenge. He couldn't sleep. . . . It just hurt him. It was as if all of a sudden, late in your life, you have to come up and pass your first exam."

On March 23, 1954, the vote came to the Senate floor. Chávez won, 53 to 36. He kept his seat for a fifth term. Chávez was overjoyed.

Parents and teachers talk about being a good loser. What about being a good winner? The way Chávez behaved in victory was typical of the man. Hurley's attorney, Harry Bigbee, ran into Chávez soon after the vote. The two men were in a hotel lobby in Santa Fe, New Mexico. Coincidentally, both men and their wives were going to the hotel's restaurant. People who were celebrating the Chávez victory made rude remarks to Bigbee. Chávez didn't approve, but how could he quiet a crowd? He found a way.

As Bigbee and his wife sat down in the dining room, Senator Chávez came up and asked if he and his wife could join them. The two couples enjoyed a friendly meal. As they ate, Bigbee recalled later, anyone who came to congratulate the senator on his great victory had to speak politely to the lawyer and his wife.

"From that time on," Bigbee said later "I never felt myself being discriminated against for having represented an opponent to Dennis Chávez. It was so nice."

☙ Chapter Twelve ❧

In 1950, Dennis Chávez took on a dangerous bully, Senator Joseph McCarthy, a Republican from Wisconsin. Only a handful of senators dared to criticize the very popular McCarthy. For Chávez, there was no choice. He had an independent mind and didn't take the easy road.

Senator McCarthy was a skilled speaker and attracted huge audiences. The United States at that time was involved in a struggle with the Soviet Union over the best governing systems, whether communism or democracy. It was a time of great fear, because both sides had atomic weapons. It was called the Cold War because it never came to outright military battle. But, nevertheless, people were very frightened, and Senator McCarthy took advantage of their fear to increase his power. One way that he had of heightening the hysteria over communism was to prosecute thousands of people in the United States he claimed were communists. He did this often without any evidence whatsoever. In his speeches, McCarthy claimed the US government was full of Soviet spies and homosexuals. McCarthy didn't limit his attack to government officials. He accused regular citizens, especially actors and writers, of being communists.

These accusations destroyed reputations and shattered lives. Men and women lost their jobs. Relatives and friends turned away from them.

Although McCarthy offered no proof for his accusations, he had wildly enthusiastic audiences. His popularity zoomed. The people McCarthy accused were virtually helpless. Since he offered no evidence for his claims, it was almost impossible to deny his charges. Today, McCarthyism has become a shorthand term for a kind of bullying. It refers to someone making wild public attacks on the character or patriotism of political rivals.

In 1950, when McCarthy was very popular, the American public divided into two camps. On one side, many were genuinely afraid of communism. They believed McCarthy's charges. On the other side, many were angry at his witch hunts. They questioned the truthfulness of his charges.

Of course, those unfairly accused had the defense of truth. But words can hurt. Labels can last. Sometimes the loudest voice is the one people remember. And Joe McCarthy was very loud for a few years.

"Someone should take McCarthy on," Chávez told his aides. And he did. While most senators remained silent, Chávez spoke up. His speech in the Senate on May 12, 1950 was forceful. He did not apologize for speaking plainly. His speech shows, as no other single act in his life, his strength of character. This was his finest hour. He refused to give in to fear.

Chávez's speech called for a return to decency and sanity. He reminded senators of the US traditions of fairness and justice. It was un-American, he said, to challenge someone's character or patriotism without evidence. In the United States, a person has the right to face his or her accusers.

Senator Chávez told the Senate:

I should like to be remembered as the man who raised a voice—and I devoutly hope not a voice in the wilderness—at a time in the history of this body when we seem bent upon placing limitations on the freedom of the individual. I would consider all of the legislation which I have supported meaningless if I were to sit idly by, silent, during a period which may go down in history as an era when we permitted the curtailment of our liberties, a period when we quietly shackled the growth of men's minds.

Chávez went on to insist that Americans did not want the Senate to be turned into a platform for every publicity-seeking "half-baked gossip." He told the senators listening to his speech that the US system gave the accused the right to face their accuser. They had the right to a fair trial by jury. McCarthy was ignoring those rights.

The speech was front page news all around the world. The question was, how would McCarthy react? He was not accustomed to being criticized.

McCarthy and his supporters were furious. McCarthy was not present in the Senate when Chávez gave his speech, but he said later that it was a stupidly mean attack. He claimed that Chávez had practically nothing to do with writing the speech and even had trouble reading it. Chávez felt those insults were too foolish to answer.

Some of Chávez's press and mail got ugly. A newspaper article sent to him had a handwritten note: "Dark-skinned little Senator Chávez." A letter was addressed to "Yellow Grezer [Greaser] Chávez. McCarthy's a white man—not a nigger (sic) like you."

But not all the reaction was negative. Many people and members of the press cheered Chávez for his courage. New Mexicans reelected him to the Senate two years after the speech.

Slowly, public opinion turned against McCarthy. In 1954, the Senate condemned him for his behavior. Still in office, but silenced, McCarthy died two and a half years later.

After Chávez's death in 1962, *The Washington Post* wrote of his McCarthy speech:

Today Senator Chávez is especially remembered for a speech he made on the floor of the Senate . . . in eloquent protest against the excesses of the McCarthy era . . . He is remembered for this speech—the finest flower of the democratic spirit.

. . . What he could not understand and would not tolerate was the willingness of some men to tear their country apart for partisan gain and to trample human rights into the mire under the pretense of protecting freedom.

❧ Chapter Thirteen ❧

One of Dennis Chávez's great pleasures for a few years was a small plot of farm land. He owned it for no more than a dozen years, but it was very important to him. It was his oasis, a place to escape work and problems. The land was 50 acres just outside Albuquerque. It ran down to the Rio Grande River in an area called Alameda.

Like the names of so many places in the Southwest, Alameda is a Spanish word. It means "place of trees." Alamos or cottonwood trees grew there as well as willows and Russian olives. It was a quiet place, busy only with creatures that included squirrels, skunks, geese and quail. Hawks and owls perched in the tall cottonwood trees.

The senator's cousin, Benny Montoya, looked after the property. He and his wife, Odelia, settled in Alameda on a small plot of land. Benny had a positive outlook on life. He was grateful for what he had and didn't apologize for what he had failed to do. Over the years, he had a variety of jobs, including work in a shipyard and as a roofer. And before going to live in Alameda, he worked as the janitor at a movie theatre in downtown Albuquerque. When he would sweep out the building at 5:00 in morning, he'd see the senator.

Benny remembered that time well. "The senator was known for his very early morning walk, smoking his cigar. He'd shake hands with the people, buy a paper from a newsboy for a nickel, give it away and buy another. And, he knew everyone's name."

Benny and the senator walked every inch of the fifty-acre farm. They inspected the crops with special care. Benny kept detailed records of what was planted and harvested—alfalfa in spring and in the winter wheat and oats, respectively.

Dennis' father had always worked on someone else's property. It must have given the senator great pleasure to have his own land, even if it wasn't a large property.

Later, Benny would laugh, remembering one time when the senator came to his house and Benny was butchering hogs. Odelia was making *chicharrones* (fried pork rinds). She had on a denim apron and was, she said, "stinking of lard." She was embarrassed to greet the senator in her dirty apron. The house only had two rooms and a kitchen but she ran away as far as she could go. The senator ran after her and hugged her.

"He told me," Odelia said, "Never run away when somebody comes to your house. This is your castle, and it doesn't matter how you look or how you feel."

Afterward, Odelia often repeated that advice to her children. "This is my castle. I'm the only one under this roof that can say whatever I want."

It's not clear why the senator gave up his oasis. But of all the possible companions he could have found, surely there was no better company than Benny Montoya, a good caretaker of the land and a storyteller with a ready laugh. Often, but not always, the senator was a good judge of character.

ᘓ Chapter Fourteen ᘖ

Whatever Dennis Chávez did in the Senate, he was guided by his basic philosophy. This philosophy summed up the way he thought he should live his life. To the senator, that meant devoting his energy to offering America's bright promises to all Americans.

Chávez's beliefs directed the expansion of the United States' highway system—one of his major accomplishments in the Senate. Philosophy and highway planning sound like a strange pair. They're not.

By the 1950s, Chávez had been in the Senate for more than twenty years. He ranked fourth in terms of seniority. Seniority was given to the legislator who had served the longest in the Senate or the House of Representatives.

Seniority came with a reward. The prize was chairmanship of the most powerful committees. For Chávez, that was chairmanship of the Senate Public Works Committee, which dealt with projects in every one of the 50 states and territories: roads, bridges, government office buildings, national forests, parks and more. The federal government pays for public works and Chávez's committee dealt with where and how the money was to be spent.

Public works projects are so numerous, it's impossible to go into detail with each and every one. However, dams are a good example. The dams that channel rivers, canals and waterways are public works. Chávez sponsored many bills to construct dams. These contributed to flood control and water conservation. Government dollars turn the power of water from dams into energy. That energy powers lights in our homes and runs machinery in factories.

Other examples of public works are highways. Roads shape how people live. Without good roads, people may not get to schools, jobs or stores, and poor roads mean that it costs much more to transport goods by truck. Poor roads may make the delivery of government services and health care more difficult. Today in the United States, a vast network of highways connects all corners of the country. It wasn't always this way. In the 1950s, a thin web of highways linked only big cities. Small towns and communities were cut off. Everyone in Congress and the government agreed the country needed better highways. The argument was where to build a new, improved interstate highway system.

Building new highways would be an enormous public works project. The Senate Committee on Public Works would direct the spending of millions of dollars. The committee held endless hearings to debate the proposed highway expansion. And Senator Chávez, chairman of the committee, had a strong vote in the debate.

There were a lot of issues, but basically it came down to fierce rivalry between the states in the East and states in the West. Lawmakers from the more populated, rich states in the East insisted that money should go to providing better roads between big cities. There were highways in the East, but they needed to be improved and expanded. The other side spoke up for the less-populated, poor states in the West. There were few highways in the West.

The highway system is a perfect example of Chávez's philosophy guiding his lawmaking. He said that all Americans had the right to be connected to their neighbors by good roads. Chávez argued that even small towns located far apart in a large state should be connected. That described New Mexico. It is the fifth largest state in the Union and has a small population. That also describes other western states where towering mountains and vast deserts keep people at a distance from their neighbors. In a speech, the senator recalled his youth in New Mexico: "To go 60 miles from Albuquerque to Santa Fe took days. . . . This isolation kept the people apart and in ignorance of their neighbors."

Chávez and those who supported connecting small, scattered communities won. The new network would improve highways between big cities. But it would also connect small towns and rural villages.

Because of the new, improved highway system, the way that Americans traveled changed. It was now easy and safe to travel by car, and Americans took to the road in record numbers. As traffic grew with more cars and trucks, travelers needed gas stations and places to eat and sleep. Roadside businesses sprang up.

The look of the country changed forever.

❧ Chapter Fifteen ❧

President Abraham Lincoln had a talent for expressing his opinions in a few words. This is one of his wise observations: "Nearly all men can stand adversity. But if you want to test a man's character, give him power."

The power that Dennis Chávez had during his last term in the Senate (1958-62) was enormous. It rested lightly, but firmly, on his shoulders. It was the pattern of a lifetime. He took his responsibilities seriously, himself less so.

One of Chávez's huge responsibilities was national defense. He believed firmly in a strong military defense. He was in a position to make a difference. Chávez was chairman of the Appropriations Subcommittee on the Armed Services. This was the subcommittee that set the annual spending for national defense. He had this chairmanship in addition to being chairman of the Public Works Committee.

In the last budget Chávez proposed, spending for US military defense forces totaled about $40 billion.

That was a major part of the total US budget. Because of the Cold War, lawmakers wanted to make sure the US military was strong. Military spending financed military bases in the United States and many foreign countries. It sent troops to the far corners of the world. The massive spending bill provided for expanding the Army, the Navy and the Air Force. Spending on scientific technology also increased. Money went to providing up-to-date equipment and starting new research and development projects.

Chávez said, "It is the view of the committee and its chairman that the strongest possible defense posture has been provided in this bill for the protection of the United States."

At home, lawmakers competed for a part of the budget's money. Members of Congress wanted military bases, defense research and development projects in their states. The military spending was good for local economies. It created jobs that employed thousands.

As chairman of the committee, Chávez travelled the world with colleagues to inspect military bases. He repeated the same message: "There can be no price tag for freedom." In other words, the United States must give the military the money it needs to defend the country.

On his trips, Chávez didn't ignore the troops. He became the voice of the combat veterans. He championed the right of every veteran to return to civilian life to receive a quality education and adequate housing.

A story about Chávez sums up his power over military matters. He could make one phone call and change a town's policy.

It was in the 1940s, and New Mexico had a congressman named Tony Fernández. One of his daughters was visiting Roswell, New Mexico. It was summer and Fernández's daughter wanted to go swimming. The public swimming pool turned her away. She was not allowed in because she was "Mexican."

The congressman said nothing but the incident came to Chávez's attention, who promptly called the mayor of Roswell. Chávez told him, "Open the swimming pool and all of the public facilities to everybody in Roswell or the [nearby] Air Force base will not be financed."

The swimming pool was opened. It is likely that Lincoln would have approved of the senator's use of power.

≈ Chapter Sixteen ≈

By the time he reached 74 years of age, Dennis Chávez was a sick man. Illness did not defeat him. Despite his bad health, he still had a deep optimism about human nature. He held to a firm belief in his responsibility to help people. And he continued to work hard and speak for the voiceless.

Even his enthusiasm for sharing his interests was unchanged. When he was a boy, he would insist on telling people about the history books he was reading. Late in life, he shared the poems he loved. Despite a reputation for being practical and down-to-earth, he liked to read poetry about nature and love.

He often quoted the eighteenth-century poem, "Elegy Written in a Country Courtyard" by Thomas Gray. Whenever he could corner an audience, he'd recite the lengthy verses first in English and then in Spanish. This is the opening stanza:

The curfew tolls the knell of parting day,
The lowing herd wind slowly o'er the lea,

The plowman homeward plods his weary way,
And leaves the world to darkness and to me.

The love of family and faith in God were as strong in his old age as they had been in his boyhood. The senator's strength also came from his loving wife, Imelda. She was always by his side.

He found happiness and support in his family and friends. In an interesting turn of fate, one of his grand-daughters (another Imelda) married a Spaniard. The new branch of the family strengthened the Chávez's connection between Spain and the New World.

As mentioned earlier, in 1598 Chávez's ancestor Pedro Durán y Chávez marched alongside other explorers into New Mexico. The grandchild who married a Spaniard is the sixteenth generation of Pedro's descendants

The senator had his share of personal sorrows. There were serious health challenges. In 1948, he had surgery for stomach cancer. As a consequence, he lost two-thirds of his stomach. Doctors warned him to give up spicy New Mexico-grown red and green chili. He ignored them and relished chili, beans and tortillas.

In 1961, he had a second bout of cancer. This time it was in his throat, and no treatment could save his life. In his last months, he spent time in the hospital. In pain and very thin, he suffered without complaining.

From his sickbed, he kept up with his mail, read the newspapers and dealt with his staff. Indomitable, he returned to the Senate to vote and conduct business.

According to one newspaper report, "While his frame looked like a skeleton, Senator Dennis Chávez maintained a dizzy pace that wearied far younger assistants . . . and surrounded himself with the people he loved."

He died in Washington, DC on November 18, 1962.

The President's own plane, Air Force One, brought Dennis Chávez home to Albuquerque. On the flight were his widow Imelda, his family, the Vice President of the United States and other important government officials.

His death was front-page news around the world. As a senator for nearly 30 years, he had walked with kings and queens and met with every US president from Herbert Hoover to John F. Kennedy. At his death, he was fourth in seniority in the Senate and had enormous power.

As a young man, he set high goals for himself. He met many of them. He regretted what he didn't accomplish, but he never stopped trying. He was a champion for civil rights for all. He condemned discrimination against people of color at a time when segregation was legal. He said, "Either, we are all free or we fail; democracy must belong to all of us."

Today, there are laws guaranteeing equal treatment of all citizens. He helped push for those laws. He stood up for those who could not defend themselves.

Dennis Chávez has been honored as a "Great American" on a US postage stamp. Another important memorial is his statue in the US Capital Building in Washington, DC.

Each state is allowed to place two statues in the Capital. Chávez was the first choice of New Mexicans. Po'pay, the leader of the 1680 Pueblo Revolt in New Mexico, was the second.

The bronze statue of Chávez shows a slender figure holding his trademark Stetson hat in his right hand. The inscription at the base is unusual. With three messages in three languages, it shows the diversity he loved.

English: *A friend of all, a champion of the people.*

Spanish (translated): *We have opened a path with the hope that others will follow.*

Navajo (translated): *We have lost our voice.*

Chávez believed that America owed its greatness to the diversity of its people. He blazed a trail for people of color to follow him to the highest positions of power. When he went to the Senate, there were no other Hispanics, no African Americans, no Native Americans and no Asian Americans.

Today, there is diversity in the Senate, on the Supreme Court, in the White House and in other high places in the land. Men and women who would have been turned away from restaurants and water fountains years ago now run companies and make government policy.

Other pathfinders will open new trails in the future.

Para mi hermana Imelda y su esposo Wayne, felizmente agradezco su compañía en este viaje.

❧ Capítulo uno ❧

Dennis Chávez fue uno de los primeros hispanos nacidos en Estados Unidos en servir en el Senado de los Estados Unidos. Cuando llegó a Washington, DC en 1935, sobresalió por ser el único miembro minoritario en el Senado. No había diversidad en ese poderoso lugar. No había otros hispanos, ni afroamericanos, ni nativoamericanos, ni americanosasiáticos. Sólo Dennis Chávez representaba a todas esas personas que habían sido marginados.

Dennis Chávez es un héroe estadounidense. Su historia es una inspiración y contiene importantes lecciones para todas las edades. Es una historia de aventura que se extiende desde el viejo oeste de los amerindios y vaqueros hasta la era de los aeroplanos.

Un antepasado de Dennis Chávez fue uno de los primeros exploradores españoles de llegar a Nuevo México en 1598. Para entender cuánto tiempo ha pasado desde entonces, recuerden que los peregrinos británicos llegaron a Plymouth Rock en Massachu-

1

setts en 1620. Pedro Durán y Chávez entró al territorio de Nuevo México veintidós años antes de esa
fecha, en 1598.

Dennis nació el 8 de abril de 1888 en la pequeña
comunidad de agricultores de Los Chávez localizada
en casi la mitad del territorio de lo que antes era
Nuevo México. El pequeño pueblo puede haberse llamado así en nombre de uno de los parientes de la
familia Chávez. David y Paz Chávez le pusieron Dionisio a su segundo hijo. El nombre después se tradujo
a Dennis en inglés. En esa época, aunque grandes par-
tes del territorio del oeste pertenecían a los Estados
Unidos, no eran considerados estados. Luego, en
1912, Nuevo México se convirtió en un estado. Eso
quería decir que las personas que vivían allí podían
elegir a dos senadores y un representante para el congreso de los Estados Unidos y así ocupar un lugar en el
escenario nacional.

La casa de infancia de Dennis tenía pisos de tierra
y no tenía plomería. Él sólo hablaba español cuando
era niño. No asistió a la preparatoria o a la universidad. Sin embargo, logró graduarse de la escuela de
derecho de Georgetown en Washington, DC y repre-
sentó a Nuevo México en el Senado de los Estados
Unidos por veintisiete años.

Hubo dos cosas que lo inspiraron: primero, el amor de su familia y, segundo, una profunda fe en Dios. Desde niño, siempre mantuvo una actitud positiva. En sus primeros días, fue trabajador y ambicioso. Leyó todo lo que encontró sobre el sistema de gobierno estadounidense. Concluyó que era el mejor sistema en el mundo.

Cuando Dennis nació, la mayoría de la gente que vivía en el territorio de Nuevo México eran amerindios o descendientes de los primeros pobladores españoles y mestizos. Los mestizos eran los hijos de españoles e indígenas. Los amerindios, por supuesto, habían vivido en el territorio antes de que llegaran los primeros europeos. Por eso muchos preferían llamarse nativoamericanos en vez de indígenas.

Los pobladores españoles y mestizos habían marchado 1000 millas al norte desde el centro minero de Zacatecas en lo que antes era la Nueva España (más tarde México). Llevaron ganado y abastos a través de un extenso terreno salvaje con poca agua y comida para hacer de Nuevo México su nuevo hogar. Generación tras generación de pobladores y sus hijos hablaban sólo el español. Eran distintos a la gente de los Estados Unidos porque vivían en un territorio que era un país separado que tenía otro idioma y otra

3

herencia. Nuevo México estaba lejos de las costas del este y oeste del continente y de la Ciudad de México, lo cual permitía que los nuevomexicanos desarrollaran su propia cultura especial. Sus hijos y nietos vivieron aislados de las otras comunidades. Se viajaba muy poco fuera del territorio. Las distancias eran muy grandes, las montañas y los desiertos eran muy difíciles de atravesar y las personas eran demasiado pobres para hacer esos viajes tan exigentes. En general la vida en el viejo oeste era difícil.

Dennis y su familia vivían en una pequeña casa hecha de ladrillos de adobe (el barro y la arena se mezclaban con agua y la mezcla se endurecía para formar los ladrillos). Cuando niño, Dennis andaba descalzo cuidando las cosechas y los borregos de su papá.

Cuando tenía siete años, él y su familia se mudaron unas millas a Albuquerque, la ciudad más grande de Nuevo México. Allí había escuelas que enseñaban inglés. El aprender inglés le abrió las puertas a un mundo más amplio al joven Dennis. Y descubrió otro tesoro en su nueva ciudad: la biblioteca pública en donde podía leer y leer.

Dennis aprovechó las oportunidades que encontró en su nueva vida. Aprendió inglés, estudió mucho en la escuela y adelantó su educación con la lectura.

También hizo caso de su conciencia en algunas de sus primeras decisiones.

En su larga carrera en el Senado, Dennis tomó decisiones que no eran populares. Fue defensor de los derechos civiles de todos los estadounidenses. Habló en contra de la discriminación en un momento cuando legalmente se aceptaba la separación de la gente de color de la gente blanca. Las minorías no tenían los mismos derechos legales que los ciudadanos blancos.

Hoy en día, las leyes han cambiado: la discriminación es ilegal ahora. Estas leyes que hoy le dan a la gente de color derechos igualitarios existen porque las personas como Dennis Chávez lucharon para establecerlas.

Él habló en contra de los abusones que difamaron a muchas personas al acusarlos de ser anti estadounidenses. Los abusones tenían su propia idea de lo que era no ser estadounidense y no daban ninguna evidencia que apoyara sus acusaciones. Muchos senadores y otros le temían a los abusones, pero Dennis no. Y los condenó en sus discursos.

Dennis Chávez siempre luchó por el desamparado. Él mismo era una persona de color y sufrió discriminación toda su vida. A pesar de eso, jamás se amargó.

"He estado luchando por el tal desamparado toda mi vida" dijo más de una vez "porque fui uno de ellos".

Nuevo México es conocido como "La tierra del encanto". Esto se refiere al clima soleado y cálido y a las gloriosas montañas y los desiertos. Para Chávez, esto también significaba infinitas oportunidades. A pesar de las dificultades que experimentó cuando era joven, tuvo una vida larga y exitosa ayudando al prójimo. Para él, su tierra natal estaba encantada.

ᕤ Capítulo dos ᕥ

Los Estados Unidos invadieron México en 1846 y tomaron control del territorio del norte mexicano. Esas tierras se convirtieron en territorio estadounidense y son los estados que ahora conocemos como Arizona, California, Colorado, Nevada, Texas y Nuevo México. México luchó pero al final se rindió a los Estados Unidos. Cuando terminó la guerra con México en 1848, los habitantes de Nuevo México siguieron separados del resto de los estadounidenses. En esas comunidades, el español y su manera de vida sobrevivieron por generaciones. Los habitantes del este llegaron y se adueñaron del gobierno del territorio, pero la vida cotidiana continuó casi como siempre.

Hasta en la infancia de Dionisio, el oeste era un territorio peligroso. Los nuevomexicanos preferían vivir cerca de las parcelas; así es que las comunidades estaban alejadas una de la otra. Un pequeño grupo de soldados en fuertes lejanos no podría hacer mucho para controlar a los apaches y comanches nómadas,

7

quienes jamás aceptaron a los pobladores que ocuparon sus tierras. David Chávez, el padre de Dionisio, fue testigo de un ataque indígena. Estaba arreando el ganado cuando escuchó balazos.

—Monté mi caballo —dijo David Chávez— y fui a una mesa, trepé lo más alto que pude . . . los apaches habían atacado el rancho Vigil. Había muchos indios. No podía hacer mucho . . . pero busqué ayuda.

Los ataques amerindios eran espantosos, claro, pero eran parte de la vida en el oeste. Y con la protección de la familia y la comunidad, Dionisio se sentía seguro.

Para un niño que gozaba salud y alegría, Los Chávez tiene que haber sido casi perfecto. El pueblo estaba en medio de un valle, donde atravesaba el Río Grande. Estaba flanqueado por álamos y chopos, árboles perfectos para que los escalara un niño. Las altas montañas daban sombra al resto del valle con la riqueza de sus pinos, manzanos y arces salvajes.

La familia Chávez no se quejaban de su pequeña casa. Los visitantes se reunían en el cuarto con la mejor cama. En la casa ese cuarto servía de sala y recámara. La familia tenía ocho hijos y vivía cerca de muchos primos, tías y tíos que podían dar consejos y contar historias. La creencia en Dios era tan natural

como el respirar. En los domingos la familia iba a la iglesia, y a la hora de dormir ambos padres bendecían a los niños. Estas costumbres se apoderaron de Dionisio, el cual mantuvo la fe toda su vida.

Aunque la vida no era fácil, siempre había comida en la mesa. Paz, su madre, dirigía el hogar con mano firme, y por eso, los parientes decían que debía haberse llamado Guerra.

Su padre David trabajaba para el dueño de un rancho grande de borregos. La familia también tenía sus propios borregos, vacas, cerdos y gallinas. Sembraban maíz, chile, frijoles y heno. Los niños Chávez trabajaban largas horas en las parcelas con su papá mientras las niñas ayudaban a su mamá en la casa.

Al describir esos días, Dennis recordaba que su vida, "era típica de un niño rural de Nuevo México en ese tiempo. No hablaba inglés, trabajaba en los campos bajo el caliente sol del valle del Río Grande y cuidaba del ganado y de los borregos".

Quince millas al norte de Los Chávez estaba Albuquerque. Tenía una población de 8,000 habitantes y era el pueblo más grande de la zona. El ferrocarril había abierto caminos nuevos en el territorio en 1880. Conectaba a Nuevo México con la costa del este de Estados Unidos. La presencia del ferrocarril

significaba que habría empleo. Antes del ferrocarril, los únicos trabajos estaban en las granjas y los ranchos de los ricos. Esos eran trabajos sin salida, sin la posibilidad de conseguir ascensos o mejores salarios.

El ferrocarril también trajo un constante flujo de anglo-sajones; así llamaban a las personas blancas que no eran hispanas. Los recién llegados vinieron con ideas modernas y ambición. Prendieron la chispa en el aislado territorio y desafiaron a los hispanos que vivían allí a que hicieran lo mismo que ellos.

David y Paz vieron las oportunidades que ofrecía Albuquerque y trasladaron a su familia hasta allá. La ciudad les proporcionaba la posibilidad de mejores trabajos. También tenía escuelas que enseñaban en inglés. En Los Chávez no había escuelas ni libros, y sólo se hablaba español. Sabían que la educación era la llave para un mejor futuro para los niños Chávez.

El mayor de los hijos de la familia Chávez, Jesús, no tenía ninguna curiosidad ni estaba interesado en la escuela. El que le seguía, Dionisio, era brillante y estaba dispuesto a aprender lo más que pudiera. A los siete años, sus padres lo mandaron a la escuela de la misión Presbiteriana para que estudiara y aprendiera inglés.

Al pequeño le pusieron un nombre nuevo, tuvo que hablar un idioma nuevo y aprendió nuevas costumbres. De la noche a la mañana, Dennis pasó de estar al aire libre desde el amanecer hasta el atardecer a pasar horas sentado en su pupitre. "Inquieto" es probablemente una palabra demasiado débil para describirlo durante esos primeros meses.

Algunas familias tienen historias que cuentan una y otra vez. En la familia Chávez, una de las historias favoritas era la que Bárbara, la hermanita de Dennis, contaba de cuando éste fue por primera vez a la escuela de la misión.

—Dennis le lanzó un tomate (su almuerzo) a una maestra. Después de la escuela, el director llevó a la maestra y a Dennis a decirle a mi mamá lo que había hecho. Mi madre no hablaba inglés, así es que Dennis fungió como intérprete. El director le dijo a Dennis que le dijera a Mamá que se había portado mal. No sé qué le dijo Dennis a Mamá, pero cuando ella contestó, dijo, "Quiero que usted castigue a mi hijo por hacer eso. Considero que lo que hizo fue muy malo". En vez de traducir lo que dijo su madre, Dennis le dijo al director, "Mi madre dice que no me dé nalgadas o castigo porque estoy enfermo del corazón".

Dennis consiguió que no lo castigaran. El engañar a su madre y al director no era nada bueno, pero después de todo era un niño. Parece que aprendió dos lecciones importantes en la escuela nueva. La primera era no ser travieso. No hubo más visitas del director. La segunda fue que aprendió el valor de la educación. Como adulto, recordaba a su maestra, Miss Elizabeth Wiley, con mucho cariño. La consideraba una maestra talentosa que tuvo una influencia positiva en su vida.

El pequeño Dennis, un niño rápido y lleno de vida, no dejaba a sus hermanos y hermanas atrás. Bárbara recuerda que, "era uno de los hermanos más inteligentes. Se paraba al lado de la mesa de la cocina y nos enseñaba inglés a todos. Y si hablábamos en español, nos daba nalgadas con un cepillo para el pelo".

Las nalgadas no debían haber sido muy fuertes porque los niños Chávez se mantuvieron cerca de él y lo quisieron durante toda su vida. Le lealtad a la familia era una regla en la familia Chávez.

⟿ Capítulo tres ⟾

La vida de Dennis dio un giro dramático cuanto tenía trece años y estaba en el séptimo año. Dennis tuvo que dejar la escuela.

"El presupuesto de nuestra familia", contó después "era pobre en el mejor de los casos y sufrió un cambio terrible. No había suficiente dinero para cubrir todos los gastos del hogar, y yo tenía que ayudar".

Dennis consiguió trabajo entregando abarrotes a domicilio. Conducía una carreta con caballo. Esos días eran largos y cansados. Trabajaba cinco días a la semana desde la seis de la mañana hasta las siete de la noche, y los sábados hasta las once de la noche.

Cuando no estaba haciendo entregas, visitaba la biblioteca pública. La bibliotecaria, recordaba años después, se interesó en su lectura y le recomendó que leyera libros de historia y biografía, como las de los presidentes George Washington, Thomas Jefferson y Andrew Jackson. Desde ese entonces, Dennis sólo hablaba de libros. De hecho, insistía en hablar de

libros con gente que no sabía de qué estaba hablando la mayoría del tiempo.

Después de cinco años en este trabajo, Dennis enfrentó otro desafío. Su jefe le ordenó que entregara abarrotes a los rompehuelgas que se oponían a los empleados del ferrocarril que estaban en huelga. Las huelgas se hacen cuando los trabajadores demandan mejores condiciones laborales y dejan de trabajar. Con una huelga se pueden mejorar los salarios o reducir las horas de trabajo o conseguir otras cosas. Los jefes del ferrocarril habían contratado a los rompehuelgas para derrotar a los trabajadores. Los argumentos de ambos lados del conflicto iban de un lado a otro.

La decisión del joven mandadero en la lucha afectó su futuro.

"Perdí mi trabajo" dijo años después "porque mi jefe me dijo que debía entregar los abarrotes a un grupo de rompehuelgas del ferrocarril. Yo me rehusé a hacerlo y me despidió inmediatamente".

Fue una prueba de conciencia difícil para un joven cuya familia necesitaba sus ingresos. La posición del joven Dennis fue una que se repetiría una y otra vez en su vida. Vio ambos lados del conflicto y decidió apoyar a los trabajadores.

Al escuchar los argumentos en la lucha laboral, vio los roles que las leyes y el gobierno local desempeñaban en la vida de la comunidad. Su primera experiencia alentó su interés tanto en las leyes como en el gobierno.

Sin trabajo, el futuro de Dennis lucía gris. Afortunadamente, estaba en el lugar y en el momento indicado. Aunque había perdido su trabajo, había encontrado un mentor; es decir, una guía y un maestro. Su mentor era un joven ingeniero llamado James N. Gladding. Gladding llegó a Albuquerque después de graduarse de una universidad en el este. Vino a trabajar en la oficina de ingeniería de la ciudad y tomó a Dennis bajo su ala.

El primer trabajo de Dennis en la oficina de ingeniería de la ciudad fue como trabajador. Subió por los rangos hasta convertirse en asistente del ingeniero de la ciudad. Como no había terminado la escuela, Dennis no tenía las destrezas en matemáticas requeridas para los ascensos, pero Gladding le dio tutoría en álgebra y geometría.

Al mismo tiempo que Dennis estaba trabajando para conseguir mejores trabajos, estaba empezando a formar una familia. A los veintitrés se casó con Imelda Espinosa. Los Espinosas eran conocidos por su dedicación a la educación y su propio progreso económico.

"Imelda le dio un nuevo desafío a mis ambiciones", recordaba Chávez. "Los miembros de su familia estaban avanzando en la medicina, las leyes y la educación, y no me quería quedar atrás".

Jim Gladding y Dennis estrecharon su amistad así como Bess Gladding e Imelda. De hecho las dos mujeres dieron a luz a sus hijos varones al mismo tiempo. Cuando Bess estuvo a punto de morir durante el parto, Imelda cuidó a ambos niños. Unos años después, Imelda tuvo una niña.

La vida parecía estar definida para la familia Chávez. Excepto que Dennis continuó fascinado con las leyes y la política. Era ambicioso e independiente. ¿Adónde lo llevaría eso? Se iría a Washington, DC, para obtener las herramientas que necesitaba para cambiar su vida.

∽ Capítulo cuatro ∾

Nuevo México fue parte de México hasta 1848 cuando se convirtió en territorio de los Estados Unidos como despojo de la guerra. En 1912, se convirtió en estado de la Unión. Después de que se hizo estado, los anglo-americanos del este vieron al nuevo estado como una oportunidad para una nueva vida. Muchos trasladaron a sus familias a través del país y se asentaron en Nuevo México. Compraron propiedades y abrieron negocios. Se eligieron a puestos en el gobierno y usaron el sistema legal estadounidense para su beneficio.

El destino lucía adverso para los hispanos. Se habían hecho ciudadanos de Estados Unidos sin saber nada sobre la vida estadounidense. No hablaban ni leían inglés. Y las leyes del nuevo país eran un misterio. La gente que había vivido en Nuevo México por cientos de años estaba muy mal, vivía en la pobreza y sin esperanza.

En el sistema de gobierno estadounidense, las elecciones ofrecían remedios para la injusticia. Los votantes podían escoger a hombres y mujeres que ofrecieran soluciones para sus problemas. En esos días, había dos partidos políticos principales que postulaban candidatos para las elecciones. Los partidos políticos eran el Republicano y el Demócrata. Son los mismos partidos políticos principales de hoy. Sin embargo, hay diferencias entre los partidos políticos de ahora y los de hace cien años. Las diferencias son complicadas. En la política, un lado no es completamente bueno o malo. Lo que sigue es la perspectiva que Dennis tenía sobre la situación política cuando Nuevo México se convirtió en estado. Sus perspectivas dieron forma a su vida.

Los grandes terratenientes en Nuevo México eran republicanos. El partido ganaba la mayoría de las elecciones. El padre de Dennis, David, trabajaba para uno de los grandes terratenientes. Él era un fiel republicano y Dennis no. Era ferozmente independiente y hacía lo que quería, aunque eso significara desafiar a sus padres.

Dennis dijo más tarde "Cuando estaba creciendo en Nuevo México, mis parientes y todos los que

conocía eran republicanos". Y no le gustaban los métodos republicanos.

"Discutío más que una vez con mi padre, quien favorecía a los republicanos. Ciertas comunidades estaban recibiendo todos los beneficios y las mejores escuelas mientras que muchos otros no recibían nada".

No era fácil para el joven enfrentarse a su padre, pero lo hizo. Era especialmente audaz porque tuvo que ocupar una posición pública contra el jefe del padre, Frank Hubble. Este republicano se había postulado para el Senado de los Estados Unidos contra el demócrata Andrieus A. Jones.

Para el joven Chávez, Hubbell era símbolo de la política mala y anticuada. Llamó a Hubble un "abusón". Chávez dijo "Lo vi abusar de los ciudadanos de tal manera que si me hubiese hecho lo mismo a mí, habríamos tenido que pelear con los puños".

Con todo lo que había leído en la biblioteca pública, Dennis se enfocó en Thomas Jefferson como su mejor guía político. Reducida a lo más básico, la filosofía de Jefferson ponía los derechos humanos por encima de la propiedad.

Jefferson había escrito en la Declaración de Independencia: "Sostenemos como evidentes estas verdades: que los hombres son creados iguales; que son

dotados por su Creador de ciertos derechos inaliena-
bles; que entre estos están la vida, la libertad y la bús-
queda de la felicidad. Que para garantizar estos derechos se instituyen entre los hombres los gobiernos,
que derivan sus poderes legítimos del consentimiento
de los gobernados . . . "

Estas palabras son las bases de la fundación del
gobierno de los Estados Unidos. Dennis diseñó un
plan práctico para su carrera política basando su filosofía en la Declaración de Independencia. Dennis lo
veía de la siguiente manera "Jefferson fundó nuestro
partido demócrata con la idea de que el propósito del
gobierno es mejorar las vidas de todas las personas y
no servir los intereses de grupos especiales".

Estaba convencido de que sólo con el ser demócrata podía cambiar las terribles condiciones de su
comunidad. Dijo "Sabía que tenían que hacerse
muchas cosas para nuestra gente, y sentía que yo
podía hacerlas".

Dennis viajó por el estado a favor de A. A. Jones,
el candidato demócrata para el puesto del Senado.
Con frecuencia traducía los discursos de los candidatos para los votantes que hablaban español. Se puso a
trabajar, y dedicó toda su energía a la campaña.

Cuando Jones ganó la elección y se preparó para ir a Washington, le ofreció un trabajo a Dennis.

La mejor parte de la oferta era que Dennis podría trabajar en el Senado durante el día e ir a la escuela de derecho de la Universidad de Georgetown de noche. Esta era una oportunidad que Dennis no podía rechazar. Con casi treinta años de edad, sacó a su joven familia y la llevó al otro lado del país, a Washington, DC. Sin embargo, antes de poder inscribirse en la escuela de derecho, Dennis tenía que hacer un examen especial. Después de todo, no había ido a la preparatoria ni a la universidad. Pasó el examen sin problema.

Tres años después, él y su esposa e hijos retractaron sus pasos. Regresaron a Albuquerque. Sólo que ahora el ansioso estudiante tenía un brillante diploma nuevo. Ya era un abogado.

～ Capítulo cinco ～

En Albuquerque, el abogado Dennis Chávez pronto se ganó la reputación de ser una persona de confianza. Demostraba su característica determinación y energía al hablar en nombre de sus variados clientes con eficacia. Muy pronto consiguió tener una exitosa práctica en derecho criminal.

Dennis jamás le daba la espalda a un hombre o a una mujer que necesitara su ayuda. Creía firmemente en los principios de igualdad de justicia bajo la ley. Se había ganado la reputación de defender al indefenso. Representaba a la gente que había sido acusada de un crimen aun cuando no tenía dinero para pagarle.

"Todos, hasta los culpables, merecen un abogado", solía decir.

Los clientes de Dennis eran predominantemente hispanos, pero también tenía clientes anglo y afroamericanos. De los cuarenta abogados en Albuquerque, Dennis era uno de siete con apellido hispano.

Hablaba tan bien el español como el inglés, por supuesto.

A través de los años, Dennis aceptó todo tipo de casos, grandes y pequeños. En uno, defendió a un cliente que robó dos vestidos de una tienda local. En otro, a un hombre que abandonó a su esposa. Dos clientes en otro caso recibieron el fallo de no culpables de robar un automóvil mientras que otro fue fallado culpable de comprar gallinas robadas. Uno de los casos famosos fue el de una huelga nacional de los obreros del sistema ferroviario en 1922 que afectó a más de 2,000 trabajadores en Albuquerque. Dennis apoyó a los huelguistas de la misma forma que lo hizo años antes cuando decidió no entregar el pedido de abarrotes a los jefes de los rompe huelgas del ferrocarril.

También hubo casos bastante sangrientos. Un cliente fue encontrado culpable de asesinato por haberle cortado el cuello a su suegro. Otro hombre confesó haber disparado y matado a su cuñado; y ése mismo fue baleado por dos hombres enmascarados antes de llegar a la corte de justicia.

El periódico *Albuquerque Morning Journal* del 11 de abril, 1924, informó sobre uno de los clientes más desesperanzados de Dennis. El caso involucraba a Henry Wells, un hombre que fue arrestado por trans-

portar licor de manera ilícita. En una maleta llevaba catorce pintas de whisky, y los oficiales que lo arrestaron las describieron como, "cosas espantosas con etiquetas y estampillas falsificadas". Wells inmediatamente confesó y tuvo que pagar una multa de $100. Eso era mucho dinero en ese entonces, pero por lo menos no lo metieron a la cárcel.

⋙ Capítulo seis ⋘

Imelda Chávez, la esposa de Dennis, tenía una discapacidad. Estaba parcialmente sorda. En 1930, cuando recién empezó a perder la audición, muchas personas consideraban que el tener una discapacidad era algo vergonzoso. No es que la gente fuera más mala antes. Es que los doctores no podían explicar la causa de las discapacidades. En su ignorancia, algunas personas veían la discapacidad como una falla personal o una debilidad.

En ese tiempo, los aparatos para los oídos eran muy caros. También eran grandes, pesados y muy incómodos. No había dispositivos electrónicos pequeños en ese tiempo. Y como la gente tenía vergüenza de padecer problemas de sordera, hasta la gente que podría comprarse aparatos para oír mejor, con frecuencia los escondían. De hecho, uno de los aparatos populares para oír se vendía como "Sordera disfrazada". Era un fracaso como un disfraz porque

era muy visible. Abultaba la ropa de la persona que lo usaba y le asomaban alambres por donde quiera.

Afortunadamente, la Sra. Chávez podía comprarse el aparato para la audición e insistía en usarlo. Su primer aparato, en 1930, fue un desafío para la bella mujer. Primero se aseguró la pesada batería, tan grande como un libro, al muslo. Luego haló los gruesos cables de la batería a un dispositivo tipo micrófono que se colocó entre los senos. Finalmente, se pasó más cables por la espalda para conectarlos con una bocina en la oreja.

En esos días, los aparatos para escuchar intensificaban el sonido de todo el ruido que los rodeaba —las risas de personas, los ladridos de los perros, la música. Era difícil distinguir las voces entre todo el ruido. ¿Cuántas veces no asentaría Imelda para indicar acuerdo sin quererlo porque no podía oír al hablante? ¿A cuántas reuniones llenas de gente habrá asistido en donde no tenía idea de qué se estaba hablando?

Podría haber puesto el aparato en un cajón e irse a casa. Pero no lo hizo. Tenía pensamientos propios y se rehusaba a esconderse. Estaba casada con un hombre ambicioso, y se quedó a su lado. Imelda Chávez era tan valiente como su esposo.

≈ Capítulo siete ≈

Dennis Chávez no siempre ganó las elecciones. Sí, hubo victorias fáciles, pero también hubo pérdidas humillantes y un par de elecciones muy competitivas. Jamás se dio por vencido, hasta cuando enfrentó una pédida muy pública.

Sus primeras campañas fueron ejemplo de los sube y bajas de la carrera política de Dennis. En 1922, después de recibir su título de abogado, se postuló a la legislatura del estado de Nuevo México. Ese fue un triunfo fácil. Ocupó el puesto por un sólo plazo, pero dejó un legado importante.

En ese tiempo, el cuarenta por ciento de la población de Nuevo México no sabía leer ni escribir. La solución obvia era educar a los niños. Pero los estudiantes en las escuelas públicas tenían que comprar sus libros de texto. Era un gasto imposible para muchas personas que no podían comprar los útiles escolares. Dennis pensó que la respuesta era simple: "Recordé todos los momentos difíciles de cuando era

niño y propuse una ley para darles libros de texto gratuitos a los niños en las escuelas estatales". Los libros de texto gratuitos les dieron a los niños igualdad de acceso al aprendizaje. Como adultos sabrían leer y escribir.

Cuando terminó con su plazo legislativo, Dennis se concentró en su carrera como abogado. La vida de los Chávez se asentó. Nació el tercer hijo, y el futuro de la familia lucía positivo. Dennis estaba ganando buen dinero, y parecía que la vida le deparaba prosperidad como abogado. Sin embargo, los cambios desafiaban las nuevas ambiciones de Dennis.

En 1929, la bolsa de valores se desplomó, y los Estados Unidos empezó a experimentar la peor crisis económica de la historia del país: la Gran Depresión, la cual duró hasta 1939. Las fábricas y los negocios en cada estado de la unión se cerraron. El sistema financiero dejó de funcionar, y a los bancos se les acabó el dinero y tuvieron que cerrar sus puertas. Millones de estadounidenses perdieron sus empleos y no podían encontrar más trabajo. Los hombres y mujeres hambrientos esperaban en colas por horas para obtener comida gratuita para sus familias que estaban pasando hambre.

En 1930, la crisis inspiró a Dennis a dejar su práctica de abogado y postularse para el Congreso. Quería ayudar a las personas que habían sido afectadas por la Depresión. Su contrincante era Albert Simms, un republicano que ocupaba el único sitio asignado a Nuevo México en la Casa de Representantes.

El plan de campaña de Dennis requería que viajara por todo el estado en caravanas de autos para hablar con los votantes y contar su historia. Sus temas principales eran el ayudar a los trabajadores agrícolas y a los pequeños empresarios, y aumentar los fondos federales para la construcción de las carreteras.

El viajar a donde vivían los votantes era una nueva táctica en Nuevo México. Fue un éxito. La mayoría de la población del estado vivía en pueblos pequeños y zonas rurales y casi no recibían visitantes. Durante estos viajes, Chávez escuchaba a todas las personas y conoció a todo tipo de gente. Tenía una memoria impecable para los nombres y caras y esto le ayudó en las futuras campañas. Además, en verdad le agradaba la gente. Entraba a las cocinas y compartía tortillas y chile con frijoles y platicaba por horas.

Hasta le sirvió su experiencia en la tienda de abarrotes. A Dennis le encantaban las anécdotas de sus

campañas, y las contaba con frecuencia a través de los años.

De acuerdo a Dennis, la noche del sábado antes de la elección, el Congresista Simms estaba en una fiesta bailando con Mrs. P. G. Cornish cuando le preguntó si pensaba votar por él.

—No —respondió.

—Bueno, y ¿por quién va a votar? —demandó Simms.

—¡Por mi antiguo ayudante de la tienda de abarrotes! —le respondió.

Dennis terminaba la historia recordándole al público que había ganado la elección por un "pequeño margen". Había derrotado a Simms fácilmente. No existía un trabajo más importante, decía muchas veces, que hacer el servicio público. Y no hay mejor lugar para ayudar a todas las personas que el Congreso de los Estados Unidos en Washington, DC.

Apenas recibió el juramento como nuevo congresista, le escribió a su madre: "Acabo de jurar como miembro de uno de los mejores cuerpos legislativos del mundo. Tu amor, tus oraciones y bendiciones rindieron estos resultados".

Dennis Chávez ahora se encontraba de vuelta en la Casa de Representantes donde había trabajado

como funcionario. Acababa de entrar en los cuarentas. "Llegué un poco tarde en términos de edad pero contento, sin embargo, de haberlo hecho".

Nuevo México sólo tenía un congresista en esa época. Y el congresista tenía un solo empleado, un asistente a quien se le llamaba secretario. El secretario de Chávez era un antiguo estudiante de la universidad en Albuquerque llamado Joe Martínez. Chávez le ofreció a Joe el mismo acuerdo que el senador A. A. Jones le había ofrecido a él hacía unos años. Eso era, trabajar durante el día e ir a la escuela de derecho por la noche. Joe aceptó la oferta de trabajo.

Joe fue el primero de un número de jóvenes nuevomexicanos a quienes Chávez sirvió de mentor. El congresista Chávez recordaba a Jim Gladding, un joven ingeniero quien lo dio tutoría en matemáticas para desarrollar las destrezas que le faltaban. La mentoría de Gladding cambió la vida de Chávez, y él quiso ofrecerles la misma ayuda a otros. Al mismo tiempo, necesitaba asistentes bien preparados. El ir a la escuela mejoraría las destrezas de los jóvenes.

Joe Martínez pagó la confianza que el mentor puso en él con ser un trabajador dedicado. Recordaba que quedaba casi enterrado por la carga laboral de la oficina del congresista. Todos querían un empleo o

cualquier tipo de ayuda que pudieran obtener a causa de la Depresión. Chávez recordaba lo que era ser pobre y no tener esperanzas. Insistía en responder al correo lo antes posible. No podía empezar a resolver los problemas de todo el mundo, pero quería que la gente supiera que había escuchado sus súplicas de ayuda. Y Joe contestaba sus cartas tan pronto como le era posible.

Chávez consiguió la reelección a la Casa de Representantes en 1932 con mucha facilidad. Dos años más tarde se postuló para un puesto en el Senado de los Estados Unidos contra el senador Bronson Cutting, un republicano. Fue una lucha difícil y amarga. Cutting medía más de seis pies de alto y era de tez blanca. Chávez apenas medía cinco ocho y era moreno. Cutting nació en el este a una familia adinerada y había sido educado en Harvard. Chávez nació en el oeste a una familia pobre y no asistió ni a la preparatoria ni a la universidad. Cutting poseía la autoconfianza que otorga la gran riqueza familiar y la aceptación automática en la sociedad. Dennis tenía la confianza de un hombre hecho con su propio esfuerzo que sobrellevó prejuicios. Cutting era miembro del "club", de políticos que habían asistido a las mismas

escuelas y pertenecían a las mismas organizaciones. Chávez se veía como extranjero.

La escena política en Nuevo México era complicada. Después de una campaña competitiva, Chávez perdió por un margen estrecho. Fue una derrota muy pública. No aceptó el haber perdido la elección. Alegó que hubo errores en el conteo de los votos. El resultado aún no se había confirmado cuando Cutting murió en un accidente aéreo. El gobernador demócrata nombró a Dennis Chávez al puesto vacante en el Senado. Tenía cuarenta y siete años.

Dennis ya tenía el puesto del Senado, pero la muerte de Cutting hizo su ascenso agridulce. Aun así, se hizo historia el 20 de mayo de 1935 cuando el vicepresidente presidió sobre el juramento de Chávez. Al levantar la mano para tomar el puesto, Dennis Chávez se convirtió en uno de los primeros senadors hispanos nacidos en Estados Unidos en la historia del país.

∾ Capítulo ocho ∾

El Congreso de los Estados Unidos es la rama de gobierno que hace las leyes. El Congreso está dividido en dos: la Casa de Representantes y el Senado. Los miembros de la Casa de Representantes son conocidos como *congresistas*. Cuanta más gente viva en un estado, más congresistas representan al estado. Cada estado tiene dos senadores sin importar el tamaño del estado o la cantidad de habitantes.

Éstas son algunas de las responsabilidades que el senador Chávez tuvo que ejercer en su horario de trabajo:

- Asistir a las reuniones del comité en donde los testigos ofrecen información y responden a preguntas.
- Administrar el papeleo. Hay muchos reportes de comité, propuestas de ley y cartas que se deben contestar.

- Darles la bienvenida a los visitantes que traen sus historias, problemas y solicitudes de ayuda.
- Viajar a Nuevo México. Es importante estar en contacto con sus constituyentes.
- Hablar con los legisladores. Si el sistema está funcionando, hay cooperación. "Si tú votas por mi propuesta de ley, yo voto por la tuya". Hay muchos puntos de vista en el Congreso, y toma tiempo llegar a un acuerdo.
- Recaudar fondos para la próxima elección. Las campañas son caras.

Además de todas esas tareas, el senador Chávez también hizo propuestas de leyes nuevas, una de las funciones más importantes de un miembro del Congreso de los Estados Unidos.

Aún con todas esas demandas de tiempo, el senador Chávez ponía atención a los problemas de la gente. Apoyó propuestas de ley para resolver casos individuales. Por ejemplo, el gobierno trató de cobrar alquiler a dos maestros de la Navajo Indian School por su propio edificio; el edificio que ellos mismos construyeron. Chávez patrocinó una propuesta para que se les regresara el dinero. Otra propuesta especial permitió que una pareja de Albuquerque adoptara a

dos huérfanos finlandeses. Otra permitió que diez monjas españolas permanecieran en Puerto Rico para continuar haciendo el necesario trabajo de bienestar social.

Uno de los temas que ocupó al senador Chávez por varios años fue el de los derechos del agua. Es decir, quién poseía los derechos para usar el agua de los ríos y arroyos. Como no llueve suficiente en los estados del suroeste, éstos dependen de los ríos. La escasez de agua es un problema en estos estados, incluyendo Nuevo México. Conforme aumentaba la población, las ciudades y los pueblos que crecían con rapidez utilizaban la poca agua que tenían. Las disputas sobre el uso del agua de los ríos aumentaron. Por ejemplo, si el granjero A utiliza el agua río arriba para sus cosechas, eso puede afectar la cantidad de agua río abajo del granjero B.

Como dijo Chávez: "Con frecuencia, había disputas complicadas con los estados vecinos que tenían que resolverse. Nuevo México, Arizona, Colorado y Texas discutían sobre los preciados derechos al agua".

No sólo estados sino los amerindios también, los cuales viven en sus propias tierras dentro de los estados, luchan por sus derechos al agua. Los amerindios luchan de manera determinada y activa por el agua.

La mayoría de las disputas sobre el agua se arreglaban de forma colaborativa. Para llegar a un acuerdo, los representantes de la gente usaban cualquier herramienta, incluyendo el humor. Cuando Chávez defendía a Nuevo México contra Texas, un estado más rico, decía "Cada vez que Nuevo México derrama una lágrima, Texas la reclama".

A través de los años, el senador Chávez patrocinó docenas de propuestas de ley sobre los derechos al agua. El Presidente John F. Kennedy lo invitó a la Casa Blanca cuando firmó una importante propuesta de ley en 1962. Fue el último gran proyecto antes de la muerte de Chávez.

El primer trabajo de Dennis fue entregar comestibles a domicilio en una carreta con caballos en 1902.

Imelda Espinosa y Dennis se casaron en 1911.

Dennis encabezó la campaña Viva Kennedy en 1960. John F. Kennedy fue elegido presidente de los Estados Unidos.

En los años cincuenta se le informa al senador Chávez personalmente del "Proyecto de Almuerzo para los jóvenes". Después le dijo al Comité de Educación y Trabajo del Senado cuando aprobaron del Proyecto, "Gocé de un buen almuerzo por veinte centavos".

Una junta de amerindios Navajo en Window Rock en donde escucha el discurso del senador Chávez.

Legislacion sobre la Ayuda Federal Para Caminos en Nuevo México se discute en el Comité de Asuntos de Correo y Caminos. El senador Chávez se prepara para la junta del Comité con H. E. Hiltz, Diputado Comisionado, Administración de Caminos Públicos.

Dennis luchó a favor de los derechos civiles por veintisiete años en el Senado de los Estados Unidos.

∾ Capítulo nueve ∾

"En la práctica cotidiana de los Estados Unidos, el prejuicio racial y religioso, la intolerancia, el fanatismo y la discriminación son tan americanos como el perro caliente". Esa era la severa perspectiva de Dennis Chávez sobre los Estados Unidos de los años cuarenta. Muchos historiadores comparten esta opinión. En gran parte del suroeste estadounidense, las leyes mantenían a las minorías y a las personas blancas separadas unas de las otras todo lo que se podía.

En ese entonces, el senador Chávez desafiaba el prejuicio y la discriminación. Sentía que era su responsabilidad el hablar por aquéllos que no podían hacerlo por sí mismos. Sus convicciones estaban basadas en la filosofía de Jefferson, la cual él había aceptado cuando era joven. Es decir, todos los hombres y mujeres tienen los mismos derechos bajo la ley.

Esta no era la lucha de un hombre solo. Nada se logra en el Congreso sin un equipo de legisladores trabajando juntos. Pero fue el senador Chávez quien

encabezó esta lucha. Fue uno de los logros que más orgullo le dio en su carrera.

Uno de los productos principales de la discriminación era llamado segregación, una política que definía dónde podían residir, comer, ir a la escuela y usar instalaciones públicas las personas de las distintas razas. En los cuarenta y cincuenta, la segregación era la ley que se imponía en gran parte del sur de los Estados Unidos. La segregación significaba que era legal negarle derechos a la gente de "color"—afroamericanos, nativosamericanos, hispanos y asiáticosamericanos. La base principal para la discriminación era el color de piel de una persona.

Las personas de color tenían que sentarse atrás en los autobuses de la ciudad. Había restaurantes y escuelas públicas "sólo para blancos" que no servían a la gente de color. Los barrios tenían letreros de "sólo para blancos" en las viviendas para alquilar o comprar. La política de "sólo para blancos" se extendió a todo resquicio de la vida diaria. Hasta las fuentes de agua se reservaban sólo para los blancos.

Había muchos ejemplos de otros tipos de discriminación. Uno de los más dañinos era el que los jefes les negaban puestos de trabajo a personas de color. Las leyes permitían hacerlo.

Muchas personas influyentes, incluso los legisladores, favorecían la segregación. El senador Chávez era uno de los que luchaban en contra del prejuicio y la discriminación. Insistía que la Constitución les otorgaba los mismos derechos civiles a todos los estadounidenses. Eso se traducía en la completa igualdad legal, social y económica.

Como se permitía la discriminación en la contratación, se tenía que pasar una nueva ley para hacer que esto fuera ilegal. Chávez introdujo la propuesta de ley al Senado para eliminar la discriminación en la contratación. Él y unos cuantos senadores valientes introdujeron la ley para establecer la Comisión de Prácticas Laborales Justas (Fair Employment Practices Commission, FEPC). Esta comisión les proporcionaría justicia racial a los trabajadores.

La oposición a la propuesta fue feroz. Un poderoso grupo de senadores prometió derrotar la propuesta. Dijeron que la gente blanca era superior a la gente de color. La FEPC, dijeron, era inconstitucional y anti estadounidense. Advirtieron que la igualdad social llevaría al matrimonio interracial, la mezcla de las razas blanca y negra.

Durante los debates del senado, habló el presidente Franklin D. Roosevelt a favor de la propuesta de

ley. Dijo: "Los hombres de todas las razas —negros, cafés, blancos y amarillos— luchan en nuestro lado por la libertad. No podemos pararnos frente al mundo como los defensores de la gente oprimida a menos de que practiquemos los mismos principios de la democracia para todos los hombres".

En el foro del Senado, Chávez se paró al lado del presidente Roosevelt y dijo: "O todos somos libres, o fallamos; la democracia debe ser para todos".

En otro momento dijo: "La propuesta de ley no indica que porque un hombre se llame Levine o Petachelli, éste tiene derecho a un empleo. Sin embargo, la propuesta sí indica que a un hombre no se le puede negar un trabajo porque se apellida Petachelli o García u otro apellido".

Además, agregó: "Hace tiempo la Medalla de Honor del Congreso fue otorgada a un joven de mi sección del país que murió en Attu [en el Oceáno Pacífico]. Su nombre era Joe Martínez. Le damos a Martínez la medalla porque murió, pero les negamos un trabajo a sus parientes o amigos".

Un reportero encargado de informar sobre los debates del FEPC escribió que Chávez destruyó varios de los argumentos de sus contrincantes con unas cuantas preguntas bien dichas.

Por lo mucho que luchaba ferozmente y se oponía a los racistas blancos, no era un gritón. Mantenía la calma y controlaba su lenguaje, a pesar de los insultos que seguramente pusieron a prueba su paciencia.

Uno de sus contrincantes sugirió que Chávez no era un verdadero estadounidense. En repetidas veces se refirió a Chávez como el "senador de México". El senador de Nuevo México pacientemente lo corrigió en cada ocasión en un inglés impecable y sin acento.

La propuesta FEPC no se convirtió en ley, y la segregación en gran parte del sur continuó. Pero Chávez se convirtió en un héroe de todos modos. Por cuatro años se enfrentó al Senado de los Estados Unidos en su lucha por la justicia social de los trabajadores. Eventualmente perdió la contienda. No fue hasta que se aprobó el acta de Derechos Civiles de 1964 cuando todos los estadounidenses recibieron los derechos por los que había luchado Chávez.

No alcanzó a ver ese día. Pero las semillas que ayudó a sembrar dieron fruto en la nueva ley de derechos civiles. A veces el éxito llega con retraso.

᪥ Capítulo diez ᪥

Nuevo México tiene una población indígena grande, con más de diez por ciento de los residentes del estado de ascendencia amerindia. Las tres naciones amerindias principales viven en sus propias tierras, o sea, las llamadas reservaciones o pueblos: las naciones Pueblo, Apache y Navajo. Cada tribu tiene su propio gobierno, tradiciones y lenguaje.

No nos sorprende que Dennis Chávez luchara por los derechos de los amerindios. Habló a favor de los seres indefensos, y eso con frecuencia describía a los amerindios en los Estados Unidos. Entre sus esfuerzos, el senador Chávez trabajó para que el gobierno federal tratara a los amerindios como ciudadanos completos, para que disfrutaran de los mismos derechos y privilegios que otros estadounidenses. Decía: "Lo que el amerindio verdaderamente desea no son falsos honores, ni reconocimientos de la prensa . . . y mucho menos los de un oficial de Washington. Quiere que lo traten como estadounidense. Le gustaría ver

un poco más del característico trato de igualdad de los Estados Unidos".

El senador apoyó propuestas para resolver preguntas complicadas, como la de la propiedad de tierras y la construcción de calles y puentes en tierra amerindia. También apoyó el derecho al acceso al agua para que los amerindios tuvieran agua para regar y agua limpia para beber. Mucha de su tierra era muy seca.

En 1959, los amerindios de Laguna Pueblo fueron para Washington a pedir ayuda porque les era muy difícil sacar agua de los pequeños pozos en su tierra. No había una gran fuente de agua cerca de ninguno de los pueblos. Los amerindios tenían que acarrear agua en barriles con vagones jalados por caballos sobre caminos de tierra.

Para muchos de los amerindios, éste era su primer viaje lejos del Pueblo. El senador Chávez y su personal los recibieron cálidamente. El grupo de Laguna presentó muestra de las tantas necesidades con fotografías y testimonios personales.

Cuando regresaron a casa, los amerindios de Laguna Pueblo recibieron una carta del senador Chávez. El dinero para mejorar el acceso al agua limpia para el Pueblo había sido aprobado. El trabajo era tan extenso que tomó diez años para completarlo, pero

fue un momento decisivo para la sobrevivencia de las villas del Pueblo. El agua protegió a muchos de los amerindios Pueblo de las enfermedades. Además, el proyecto los puso en contacto con los funcionarios de gobierno, quienes les ayudaron con otros problemas.

✺ Capítulo once ✺

A veces Chávez tenía que pagar un precio alto por toda la gloria de la victoria de una elección. En 1952 se enfrentó a una de esas victorias reñidas. Su oponente era el republicano Patrick J. Hurley.

Ambos hombres eran muy diferentes. Hurley era un millonario testarudo. Era tan recto como una baqueta, alto y delgado, con la cabeza cubierta de pelo blanco y un bigote. Había estado en el ejército y servido como general, y tenía una carrera diplomática muy exitosa. No tendría ningún problema en sentirse en casa en una embajada o en una cena elegante.

Por otro lado, Chávez era más bajito y moreno, o color té como lo describían algunos periodistas. Él se sentiría en casa en un asado o comida potluck. Durante la campaña llevaba el puro en la mano izquierda y un sombrero Stetson color crema en la derecha. Siempre usaba la frase "la llamada" antes de las palabras "gente mexicana de mi estado". Quería

enfatizar que los nuevomexicanos eran, por supuesto, estadounidenses.

Hurley lideró una campaña fuerte contra Chávez para ganar el puesto en el Senado en 1946. Hurley perdió por 4,018 votos. En 1948, Hurley se postuló contra otro senador en Nuevo México y perdió. Cuatro años después, Hurley volvió a postularse contra Chávez. Esta vez el voto final demostró que Chávez le había ganado por 5,375 votos.

La tercera perdida fue demasiado para Hurley y no lo pudo aceptar. Acusó de fraude a los oficiales de la elección de Nuevo México del lado de Chávez por haber hecho trampa al contar los votos. Pidió que se volvieran a contar los votos. Ésta era la misma acusación que Chávez había hecho contra Cutting en la elección de 1934. En ese caso, Cutting murió en un accidente aviario antes de que se llegara a una decisión. En el caso de Hurley, no hubo un ganador o perdedor evidente.

La acusación de fraude de Hurley llegó al subcomité del Senado para que se investigara. Después de una investigación de quince meses, el subcomité encontró irregularidades en los oficiales de elección demócratas y republicanos de Nuevo México. El

Senado tendría que votar para decidir quién había ganado la elección.

Había más en la balanza que el futuro de Chávez. El Senado estaba dividido: 48 demócratas, 47 republicanos, 1 independiente. Si Chávez perdía el puesto y el senador independiente no votaba, el Senado quedaría empatado. En caso de un empate, el voto decisivo lo hace el vicepresidente de los Estados Unidos. En ese entonces, el vicepresidente era el republicano Richard M. Nixon.

Un amigo recuerda los sentimientos de Chávez antes del voto del Senado. "Tenía sesenta y cuatro años. Había llegado a una etapa de su vida en la que su puesto en el Senado era un asunto de honor. No era fácil enfrentar el desafío. No podía dormir . . . le dolía. Era como si de repente, a esa etapa de su vida, tenía que ir y pasar su primer examen".

El 23 de marzo de 1954 llegó el voto al Senado. Chávez ganó 53 a 36. Se quedó con el puesto por quinta vez. Chávez estaba encantado.

Los padres y maestros hablan sobre cómo ser un buen perdedor. ¿Qué tal sobre el ser un buen ganador? La forma en que Chávez se comportó durante la victoria era típica del hombre. El abogado de Hurley, Harry Bigbee, se encontró con Chávez un poco después de

la votación. Ambos hombres estaban en la antesala de un hotel en Santa Fe, Nuevo México. Casualmente, ellos y sus esposas iban al restaurante del hotel. La gente que estaba celebrando la victoria de Chávez le hizo comentarios groseros a Bigbee. Chávez no estaba de acuerdo, pero ¿cómo podría silenciar a una multitud? Encontró la forma de hacerlo.

Cuando Bigbee y su esposa se estaban sentando en el comedor, el senador Chávez se les acercó y los invitó a sentarse a su mesa. Ambas parejas disfrutaron de una amigable comida. Mientras comían, recordó Bigbee después que cualquier persona que se acercaba a felicitar al senador por la gran victoria tenía que hablar con el abogado y la esposa de manera respetuosa.

"Desde entonces" dijo Bigbee después "jamás sentí que alguien me discriminó por haber defendido al contrincante de Dennis Chávez. Fue muy lindo".

❧ Capítulo doce ❧

En 1950 Dennis Chávez se enfrentó a un abusón peligroso. El abusón era el senador Joseph McCarthy, un republicano de Wisconsin. Sólo unos cuantos senadores se atrevían a criticar al popular McCarthy. Para Chávez, no había opción. Poseía una mente independiente y no se iba por el camino fácil.

El senador McCarthy era un orador dotado y atraía grandes públicos. Los Estados Unidos en ese tiempo estaban involucrados en una lucha con la Unión Soviética sobre los mejores sistemas de gobierno, ya fuese el comunismo o la democracia. Era un momento de gran miedo porque ambos lados tenían bombas atómicas. Se conoció como la Guerra Fría porque no llegó a una batalla militar. Pero, sin embargo, la gente tenía miedo, y el senador McCarthy se aprovechó de ello para aumentar su poder. Una forma que usaba para aumentar la histeria sobre el comunismo fue el perseguir a miles de personas en los Estados Unidos, acusándolos de ser comunistas. Hizo esto sin ningún

tipo de prueba. En sus discursos, McCarthy afirmaba que el gobierno de los Estados Unidos estaba lleno de espías y homosexuales soviéticos. McCarthy no limitó su ataque a los funcionarios del gobierno. Acusaba a los ciudadanos comunes, especialmente a los actores y los escritores, de ser comunistas.

Estas acusaciones destruyeron reputaciones y vidas. Hombres y mujeres perdieron trabajos. Parientes y amigos les dieron la espalda.

Aunque McCarthy no ofreció ninguna prueba para sus acusaciones, tenía un público extremadamente entusiasta. Su popularidad aumentaba. La gente que McCarthy acusaba era prácticamente indefensa. Hoy, el término "McCarthyism" se ha convertido en sinónimo de abuso. Se refiere a una persona que lanza descontrolados ataques públicos en contra de la persona o del patriotismo de sus rivales.

En 1950, cuando McCarthy gozaba de mucha popularidad, el público estadounidense estaba dividido en dos bandos. En un lado, muchos verdaderamente temían el comunismo. Creían las acusaciones de McCarthy. En el otro, muchos estaban molestos por sus descabelladas cacerías de brujas. Cuestionaban la certeza de sus acusaciones.

Por supuesto, a los que se les había acusado injustamente tenían la defensa de la verdad. Pero las palabras hacían daño. Las etiquetas pueden durar. A veces las personas sólo recuerdan las voces más fuertes. Y Joe McCarthy gritó muy fuerte por varios años.

"Alguien debe enfrentar a McCarthy", le dijo Chávez a sus ayudantes. Y lo hizo. Mientras la mayoría de los senadores se quedaban en silencio, Chávez levantó la voz. Su discurso en el Senado el 12 de mayo de 1950 fue poderoso. No se disculpó por hablar de manera sencilla. Su discurso demostró, como ningún otro acto en su vida, el poder de su personalidad. Estaba en su mejor momento. Se rehusó a entregarse al miedo.

El discurso de Chávez pidió que se volviera a la decencia y a la cordura. Les recordó a los senadores las tradiciones estadounidenses de igualdad y justicia. Era anti estadounidense, dijo, el cuestionar el carácter y el patriotismo sin pruebas. En los Estados Unidos, una persona tiene el derecho de enfrentar a sus acusadores.

El senador Chávez le dijo al Senado:

Quiero que me recuerden como un hombre que levantó la voz —y sinceramente espero que no sea una voz en el desierto— en un momento en la historia de este cuerpo legislativo que al pare-

cer se ha obsesionado con ponerle limitaciones a la libertad del ser humano. Consideraría que toda la legislación que he apoyado ha sido en vano si me quedo sentado aquí, sin decir nada, durante un periodo que puede quedar grabado en la historia como una era en la que se permitió la reducción de nuestras libertades, un periodo donde en silencio encadenamos el desarrollo del pensamiento de la humanidad.

Chávez siguió insistiendo que los estadounidenses no quieren que el Senado se convierta en una plataforma para todo "chisme" en busca de publicidad. Les dijo a los senadores que estaban escuchando su discurso que el sistema estadounidense le permitía al acusado enfrentar al demandante. Que tenían derecho a un juicio justo y con jurado. McCarthy estaba ignorando esos derechos.

El discurso fue noticia de primera plana en todo el mundo. La pregunta era, ¿cómo reaccionaría McCarthy? No estaba acostumbrado a la crítica.

McCarthy y sus seguidores estaban furiosos. McCarthy no estaba presente en el Senado cuando Chávez hizo su discurso, pero después comentó que fue un ataque tontamente mal intencionado. Afirmó que Chávez no había escrito el discurso y que hasta

había batallado para leerlo. Chávez consideró que esos insultos eran demasiado tontos para merecer una respuesta.

Algo de la prensa y el correo de Chávez se puso feo. Un artículo en un periódico enviado a él incluía una nota escrita a mano que decía: "Prieto senadorcito Chávez". Otra carta venía dirigida a "Grasiento (Greaser) amarillo Chávez. McCarthy es un hombre blanco —no un negro como tú".

No todas las reacciones fueron negativas. Muchas personas y varios miembros de la prensa celebraron a Chávez por su valentía. Los nuevomexicanos lo reeligieron para el Senado dos años después del discurso.

Poco a poco giró la opinión pública en contra de McCarthy. En 1954, el Senado lo condenó por su comportamiento. Aún estaba en su puesto, aunque había sido silenciado, cuando murió dos años y medio más tarde.

Después de la muerte de Chávez en 1962, el *The Washington Post* escribió sobre su discurso McCarthy:

> Hoy se le recuerda en especial al senador Chávez por el discurso que hizo en el Senado . . . en una elocuente protesta contra los excesos de la era McCarthy . . . Se le recuerda por su discurso —la más fina flor del espíritu de la democracia.

. . . Lo que no podía entender y tolerar era la disposición de algunos hombres por destrozar su país para el bien partidista y pisotear los derechos humanos en el lodazal con la excusa de estar protegiendo la libertad.

☙ Capítulo trece ❧

Uno de los grandes placeres de Dennis Chávez por unos cuantos años fue estar en su pequeña parcela. Fue su dueño por sólo unos doce años, pero fue muy importante para él. Era su oasis, un lugar para escapar del trabajo y de los problemas. El terreno de cincuenta acres estaba en las afueras de Albuquerque. Se extendía del lado del Río Grande en un área conocida como Alameda.

Como los nombres de muchos otros lugares en el Suroeste, Alameda es una palabra española. Significa "lugar de árboles". Los álamos crecían allí así como los sauces y los olivos rusos. Era un lugar tranquilo; sólo había actividad de ardillas, zorrillos, gansos y perdices. Los halcones y búhos se posaban en los altos álamos.

El primo del senador, Benny Montoya, cuidaba la propiedad. Él y su esposa Odelia formaron casa en Alameda en un pequeño terreno. Benny tenía una actitud positiva hacia la vida. Estaba agradecido por

lo que tenía y no pedía disculpas por lo que no había logrado. Con el paso de los años, ocupó varios trabajos, entre ellos estibador y techador. Antes de irse a vivir a Alameda, Benny fue conserje de un cine en el centro de Albuquerque. Cuando barría el edificio a las 5:00 a.m., veía al senador.

Benny recordaba muy bien esos días. "Se sabía que el senador salía a caminar muy temprano con su puro. Saludaba de mano a las personas, le compraba el periódico a un vendedor por 5 centavos, lo regalaba y luego se compraba otro. Sabía los nombres de todas las personas".

Benny y el senador recorrían cada pulgada de la granja de cincuenta acres. Inspeccionaban la siembra con mucho cuidado. Benny mantenía un detallado récord de lo que se sembraba y lo que se cosechaba —alfalfa en la primavera y en el invierno trigo y salvado.

El padre de Dennis siempre trabajaba en la propiedad de otra personas. Tiene que haberle dado un gran placer al senador el tener su propia tierra, aunque no fuera una propiedad muy grande.

Benny después se reiría recordando una vez cuando el senador fue a su casa y Benny estaba matando cerdos. Odelia estaba haciendo chicharrones. Tenía

puesto un delantal de mezclilla y, "apestaba a manteca", según ella. Le daba mucha pena el saludar al senador con el delantal sucio. La casa sólo tenía dos cuartos y una cocina, pero ella corrió tan lejos como pudo. El senador corrió tras ella y la abrazó. "Me dijo", dijo Odelia "jamás corras cuando alguien entre a tu casa. Este es tu castillo, y no importa cómo te veas o te sientas".

Después, Odelia con frecuencia les repetía a sus hijos. "Este es mi castillo. Yo soy la única persona bajo este techo que puede decir lo que se le dé la gana".

No se sabe con claridad por qué el senador dejó su oasis. Pero de todos los compañeros que pudo haber encontrado, seguramente no podría tener mejor compañía que la de Benny Montoya, un buen cuidador de la tierra y un cuentista buen humorado. La mayoría de las veces, pero no siempre, el senador ejercía buen juicio de carácter de las personas.

～ Capítulo catorce ～

Cualquier cosa que Dennis Chávez hacía en el Senado, lo guiaba su filosofía básica sobre su misión en la vida. Para el senador, eso significaba dedicar su energía a la realización de las promesas más brillantes de los Estados Unidos para todos los estadounidenses.

El compromiso de Chávez se dirigió a la expansión del sistema de carretera en Estados Unidos —uno de sus más grandes logros en el Senado. La filosofía y la planificación de las carreteras parecerían un par extraño. Pero no lo eran.

Para los años cincuenta, Chávez había estado en el Senado por más de veinte años. Era el cuarto senador con más antigüedad en el Senado. La señoría se les daba a los legisladores que habían servido más tiempo en el Senado o en la Casa de Representantes.

La señoría venía con un reconocimiento. El premio era la presidencia de uno de los comités más poderosos. Para Chávez, esa era la presidencia del Comité de Obras Públicas del Senado, que trataba de proyectos en cada uno de los cincuenta estados y

territorios: caminos, puentes, edificios para oficinas del gobierno, bosques nacionales, parques y más. El gobierno federal pagaba las obras públicas, y el comité de Chávez estaba encargado de dónde y cómo se usaba ese dinero.

Los proyectos de obras públicas eran numerosos: es imposible entrar en detalle en cada uno de ellos. Sin embargo, las presas son un buen ejemplo. Las presas que guían ríos, canales y vías navegables son obras públicas. Chávez patrocinó muchas propuestas de ley para construir presas. Esto contribuyó al control de inundaciones y la conservación de agua. Los dólares del gobierno transforman el poder del agua de las presas en energía. La energía potencia la electricidad en nuestros hogares y hace funcionar las máquinas en las fábricas.

Otros ejemplos de las obras públicas son las carreteras. Las carreteras dan forma a la manera en que vive la gente. Sin buenas carreteras, la gente no puede llegar a las escuelas, trabajos o tiendas, y las malas carreteras hacen que cueste más transportar los bienes en camión. Hoy en los Estados Unidos, una gran red de carreteras conecta todo el país. No siempre fue así. En los años cincuenta, una pequeña red de carreteras conectaba sólo a las grandes ciudades. Los pequeños pueblos y comunidades estaban aislados. Todos en el

Congreso y el gobierno estaban de acuerdo que el país necesitaba mejores carreteras. El argumento era dónde hacer un nuevo y mejor sistema de carreteras.

El hacer nuevas carreteras sería un proyecto enorme de obras públicas. El Comité del Senado para Obras Públicas dirigiría el presupuesto de millones de dólares. El comité tuvo un sinnúmero de reuniones para debatir la propuesta expansión de las carreteras. El senador Chávez, director del comité, tenía el voto más importante en el debate.

Había muchos asuntos, pero básicamente se trataba de una feroz rivalidad entre los estados del este y los del oeste. Los legisladores de los estados con más habitantes y con más riqueza en el este insistían que el dinero se tendría que usar para proveer mejores carreteras entre las ciudades grandes. Y había carreteras en el este, pero necesitaban mejorías y expansión. El otro lado habló en nombre los estados del oeste con menos habitantes y menos riqueza. Había pocas carreteras en el oeste.

El sistema de carreteras es un ejemplo perfecto de cómo la filosofía de Chávez guiaba sus legislación. Dijo que todos los estadounidenses tenían derecho a estar conectados a sus vecinos a través de buenas carreteras. Chávez arguyó que hasta los pequeños pueblos localizados lejos uno del otro en un estado

grande deberían estar conectados. Eso describía a Nuevo México. Es el quinto estado más grande de la Unión y tiene una población pequeña. También sirve como descripción de otros estados del oeste en donde las inmensas montañas y los extensos desiertos sirven para mantener separada a la gente de sus vecinos. En un discurso, el senador recordó su infancia en Nuevo México: "Se tomaba días avanzar sesenta millas de Albuquerque a Santa Fe . . . el aislamiento mantenía a la gente alejada una de otra y fomentaba la ignorancia entre vecinos".

Chávez y sus seguidores apoyaron el conectar a las pequeñas y dispersas comunidades. El nuevo sistema mejoraría las carreteras entre las grandes ciudades. Pero también conectaría a los pequeños pueblos y las villas rurales.

La manera en que los estadounidenses viajaban cambió con el nuevo y mejorado sistema de carreteras. Ahora era fácil y seguro viajar en auto; un número récord de estadounidenses comenzó a tomar las carreteras. Conforme aumentó el tránsito con más autos y camionetas, los viajeros necesitaban gasolineras y lugares para dormir y comer. Los negocios al lado de la carretera empezaron a surgir.

La imagen del país cambió para siempre.

∾ Capítulo quince ∾

El presidente Abraham Lincoln tenía talento para expresar sus opiniones en unas cuantas palabras. Este es una de sus observaciones: "Casi todos los hombres superan la adversidad. Pero si quieres poner a prueba el carácter de un hombre, dale poder".

El poder que Dennis Chávez tuvo en su último plazo en el Senado (1958-62) fue enorme. Recaía suavemente, pero con firmeza, sobre sus hombros. Era el patrón que había seguido toda su vida. Tomaba en serio sus responsabilidades pero siempre mantenía su humildad.

Una de las responsabilidades más grandes de Chávez fue la defensa nacional. Creía firmemente en una defensa militar fuerte. Estaba en una posición para marcar una diferencia. Chávez era director del Subcomité de Asignaciones de las Fuerzas Armadas. Este era un comité que decidía el presupuesto anual para la defensa nacional. Supervisaba este comité además del Comité de Obras Públicas.

En la última propuesta de presupuesto que hizo Chávez, la suma total para las fuerzas armadas de los Estados Unidos sumó a $40 mil millones. Representaba la mayor parte del presupuesto total de los Estados Unidos. Los legisladores querían asegurarse de que el ejército de los Estados Unidos fuera fuerte durante la Guerra Fría. Mandaban tropas a los lugares más lejanos del mundo. La propuesta del gran presupuesto permitiría que el Army, Navy y Air Force se expandieran. Se invertiría en tecnología científica también. El dinero se usó para actualizar el equipo y empezar nuevos proyectos de investigación y desarrollo.

Chávez dijo: "El comité y su director opinan que con esta propuesta se ha tomado la postura de defensa más fuerte posible para proteger a los Estados Unidos".

En sus estados, los legisladores compitieron por acceder al dinero del presupuesto. Los congresistas y senadores querían bases militares, proyectos de investigación de defensa y desarrollo en sus estados. El presupuesto del ejército beneficiaba las economías locales. Creaba empleos para miles de personas.

El jefe del comité, Chávez viajó por el mundo con sus colegas para inspeccionar las bases militares. Repetía el mismo mensaje: "La libertad no tiene precio". En otras palabras, los Estados Unidos tiene que

darle al ejército el dinero que necesita para defender al país.

En sus viajes, Chávez no ignoraba a las tropas. Se convirtió en la voz de los veteranos que participaban en combates. Luchó por los derechos de cada veterano combatiente para que al regresar a la vida civil tuviera acceso a una educación de calidad y vivienda adecuada.

Una historia de Chávez resume todo su poder sobre los asuntos del ejército. Con una sola llamada telefónica podía cambiar la política de un pueblo.

Era en la época de los cuarenta, y Nuevo México tenía un congresista llamado Tony Fernández. Una de sus hijas estaba visitando Roswell, Nuevo México. Era el verano, y la hija de Fernández quería ir a nadar pero la piscina pública no la dejó entrar. No la dejaron entrar porque era "mexicana".

El congresista no dijo nada, pero Chávez supo del incidente e inmediatamente llamó al alcalde de Roswell. Chávez le dijo: "Abra la piscina y todas las instalaciones públicas a todas las personas en Roswell o la base aérea cercana no recibirá ningún dinero".

La piscina se abrió. Es probable que Lincoln hubiese aprobado como el senador usaba el poder.

℘ Capítulo dieciséis ℘

Para cuando Dennis Chávez cumplió setenta y cuatro años, ya estaba enfermo. La enfermedad no lo venció. A pesar de la mala salud, aún sentía un profundo optimismo hacia la naturaleza humana. Creía con firmeza en su responsabilidad de ayudar a las personas que no tenían voz. Y continuó trabajando duro y hablando por ellos.

Hasta su entusiasmo por comunicar sus intereses no había cambiado. Cuando era niño, insistía en comunicar su interés en los libros de historia que estaba leyendo. Después, empezó a leer en voz alta los poemas que le gustaban. A pesar de tener una reputación de ser pragmático y de tener los pies en la tierra, le gustaba leer poesía romántica y sobre la naturaleza.

Con frecuencia citaba del poema del siglo dieciocho, "Elegía escrita en un patio del campo" por Thomas Gray. Cuando atrapaba a un público, les recitaba largos versos primero en inglés y luego en español. Esta es la primera estrofa:

El toque de queda tañe el final del día,
El tarareo del viento avanza despacio sobre la pradera,
Cansado, camina a su morada
Y nos deja el mundo a mí y a la oscuridad.

El amor de su familia y la fe en Dios eran tan fuertes en su vejez como lo fueron en su niñez. La fuerza del senador también venía de su querida esposa, Imelda. Ella siempre estaba a su lado.

Encontró la felicidad y el apoyo en su familia y amigos. En un interesante giro del destino, una de sus nietas (otra Imelda) se casó con un español. La nueva rama de la familia fortaleció la conexión de Chávez entre España y el Nuevo Mundo.

Como se mencionó anteriormente, en 1598 Pedro Durán y Chávez, el antecedente de Chávez, marchó al lado de otros exploradores en Nuevo México. La nieta que se casó con el español forma parte de la generación decimosexta de los descendientes de Pedro.

El senador tuvo su parte de penas personales. Hubo varios desafíos de salud. En 1948, tuvo una cirugía para tratar el cáncer del estómago. Como consecuencia, perdió dos tercios del estómago. Los doctores le advirtieron que tenía que dejar de comer el picante

chile rojo y el verde de Nuevo México. Los ignoró y siguió disfrutando del chile, los frijoles y las tortillas.

En 1961 tuvo un segundo ataque de cáncer. Esta vez fue en la garganta, y no había tratamiento que le salvara la vida. En sus últimos meses estuvo hospitalizado. Con dolor y muy delgado, sufrió sin quejarse.

Desde su lecho contestaba sus cartas, leía los periódicos y trataba con su personal. Era invencible, y regresó al Senado para votar y desempeñar su labor.

De acuerdo a la noticia de un periódico, "El senador Dennis Chávez mantenía un ritmo tan activo que cansaba a los asistentes más jóvenes a pesar de lucir como un esqueleto . . . y se rodeaba de la gente que quería".

Murió en Washington, DC el 18 de noviembre de 1962.

El propio avión del presidente de los Estados Unidos, Air Force One, llevó a Dennis Chávez a su casa en Albuquerque. Lo acompañaron su viuda, Imelda, su familia, el vicepresidente de los Estados Unidos y otros funcionarios de gobierno importantes en el vuelo.

Su muerte hizo primera plana en los periódicos del mundo. Como senador por casi treinta años había estado al lado de reyes y reinas y había conocido a todos los presidentes estadounidenses desde Herbert

Hoover hasta John F. Kennedy. Al morir era uno de los senadores con más señoría en el Senado y poseía un enorme poder.

Cuando era joven, había definido metas para sí mismo. Logró muchas de ellas. Se lamentaba no haber cumplido algunas, pero jamás dejó de intentar lograrlas. Fue un defensor de los derechos civiles para todos. Condenó la discriminación contra la gente de color en un momento cuando la segregación era legal. Solía decir "O, somos todos libres o fracasamos; la democracia nos pertenece a todos".

Hoy existen leyes que garantizan el trato igualitario a todos los ciudadanos. Él ayudó a establecer esas leyes. Defendió a los que no podían hacerlo por sí mismos.

Dennis Chávez ha sido honrado como uno de los "Grandes estadounidenses" en una de las estampillas de los Estados Unidos. Otro importante memorial es su estatua en el Capitolio de los Estados Unidos en Washington, DC.

A cada estado se le permite colocar dos estatuas en el Capitolio. Chávez fue la primera opción para los nuevomexicanos. La de Po'pay, el líder del Pueblo Revolt en Nuevo México fue la segunda.

La estatua de bronce de Chávez muestra la delgada figura sosteniendo el característico sombrero Stet-

son en la mano derecha. La inscripción en la base es poco usual porque tiene tres mensajes en tres idiomas, y así muestra la diversidad que tanto amaba.

Traducción del inglés: *Amigos de todos, campeón de la gente.*

Español: *Dejó este señor una vereda trazada que nunca se olvidará; lo hizo con la esperanza de que otros la sigan.*

Traducción del navajo: *Hemos perdido nuestra voz.*

Chávez creía que la grandeza de los Estados Unidos se debía a la diversidad de su gente. Abrió la brecha para que la gente de color lo siguiera a los puestos de poder más altos. Cuando entró al Senado no había hispanos, afroamericanos, nativoamericanos o asiáticoamericanos.

Hoy sí hay diversidad en el Senado, en la Corte Suprema, en la Casa Blanca y en otros lugares de poder en el país. Los hombres y las mujeres a quienes les habrían cerrado las puertas de los restaurantes o prohibido tomar agua en las fuentes ahora pueden tener compañías y participar en la creación de leyes de gobierno.

Otros exploradores abrirán nuevos caminos en el futuro.